*The
Hispanic-American
Cookbook*

La Cocina
HISPANA-
AMERICANA

por

Nilda Luz Rexach

Lyle Stuart Inc.   Secaucus, New Jersey

The
HISPANIC-AMERICAN
Cookbook

by

Nilda Luz Rexach

Lyle Stuart Inc.   Secaucus, New Jersey

Published by
Lyle Stuart Inc.
120 Enterprise Avenue, Secaucus, N.J. 07094
In Canada: Musson Book Company,
A division of General Publishing Co. Limited
Don Mills, Ontario

Queries regarding rights and permissions should be
addressed to: Lyle Stuart Inc., 120 Enterprise Avenue,
Secaucus, N.J. 07094

Manufactured in the United States of America

Library of Congress Cataloging in Publication Data

Rexach, Nilda Luz.
  The Hispanic-American cookbook.

  English and Spanish.
  Includes index.
  1. Cookery, Latin American.   I. Title.
TX716.A1R49 1984   641.59′268073   84-8822
ISBN 0-8184-0363-2

This book is dedicated to all the peoples of the world. My sons Gabriel and Oz and my daughter Rossy have been an inspiration to me. To my grandson James Odell Sky and my lovely granddaughter Sky it will be a reminder of their culture.

I want to thank my good friend Francine Lawrence for her cooperation in helping the world receive my easy, economical recipes.

CONTENIDO

CONTENTS

INTRODUCCIÓN

La cocina Hispanoamericana es tan simple como económica. En este libro he tratado de presentar algunos de los platos básicos que son fáciles de preparar con ingredientes que se puedan conseguir fácilmente.

Hace algunos años esto habría sido difícil, pero ahora que los plátanos, calabazas, yucas y otros productos de la cocina hispana han comenzado a aparecer en los supermercados, además de las tiendas étnicas y de especialidades, este delicioso tipo de cocina está al alcance de todos.

Dos ingredientes reciben mención, sofrito y aceite o manteca con achiote. Sofrito es una condimentada salsa de tomate adaptada de una receta original Española, y ha sido usada abiertamente en la cocina hispana. Una vesión comercial está disponible pero si prefieres hacer la propia, nuestra receta está en la página 14. Aceite o manteca con achiote es usado para darle color y sabor como saltear o freír muchas comidas. Una version comercial está disponible tambien, pero si prefieres hacer la propia, nuestra receta esta en la página 12.

Quizás el único utensilio exclusivo en la cocina hispana es el caldero, que es una caserola pesada hecha de aluminio o hierro. Cualquier olla pesada, hace un buen sustituto, de manera que pueda ser usado para cualquiera de los guisos, caserolas o platos con carne presentados aquí.

Habiendo trabajado en el Barrio por más de 13 años, yo he escuhado a varias de las madres preguntar, ¿Que puedo cocinar para mi familia, algo que sea nutritivo y económico? Y espero que este libro te ofresca muchas soluciones al problema, y así introducirlo a muchos clientes que no conocen nuestra cocina.

NILDA LUZ REXACH

INTRODUCTION

The cuisine of the Hispanic-American community is as simple as it is economical. In this book I have tried to present some basic dishes that are easy to prepare from readily available ingredients. A few years ago this would have been difficult, but now that plantains, calabazas, yucas, and other staples of Hispanic cooking are beginning to appear in supermarkets in addition to ethnic and specialty stores, this delicious style of cooking is available to all.

Two ingredients deserve special mention, however: sofrito and oil or lard with annatto. Sofrito is a highly seasoned tomato sauce adapted from an original Spanish recipe and is widely used in Hispanic cooking. A commercial version is available, but if you prefer to make your own, our recipe is on page 15. Oil or lard with annatto is used to color and flavor as well as sauté or fry a great many foods. It is also available commercially, but it is just as easy to make your own (see page 13).

There is perhaps only one kitchen utensil unique to the Hispanic kitchen, and that is the *caldero,* which is a heavy casserole made from aluminum or cast iron. Any large, heavy skillet makes a good substitute, however, and can be used for just about any of the large stews, casseroles, or meat and fish dishes presented here.

Having worked in El Barrio for more than 13 years, I have often heard many mothers ask, "What can I cook for my family that is filling and nutritious as well as economical?" I hope that this book will offer many solutions to that problem, as well as introduce to many newcomers this delicious yet little known cuisine.

NILDA LUZ REXACH

Cooking Weights and Measures

Although the United States has not yet "gone metric," many people are finding it easier to cook using metric measures. In this cookbook both English and metric systems are used. Here is a table for easy conversion.

Volume

1 cucharadita	1 teaspoon	5 milliliters (ml) (rounded)
1 cucharada	1 tablespoon	15 milliliters
1 onza	1 fluid ounce	30 milliliters
1 taza	1 cup	240 milliliters
1 pinta	1 pint	280 milliliters
1 cuartillo	1 quart	0.95 liters (l)

Weight

1 onza	1 ounce	28 grams (g)
1 libra	1 pound	0.45 kilograms (kg)

Como Preparar Aceite o Manteca con Achiote

1 taza de aceite vegetal o manteca   240 ml
¼ taza de achiote   60 ml

Cocine a fuego lento por 10 minutos. Cuélelo.

Se usa para darle color a la comida. Achiote es una pequeña semilla roja conocida como *annatto* en Ingles. Usted
la puede conseguir en los supermercados y las tiendas
locales, "bodegas," en las especies de Goya. Goya es la
principal marca en el mercado hispano.

Como Extraer la Leche de un Coco Seco

1 coco seco
4 tazas de agua hirviendo   960 kg

Abra el coco y quítele la pulpa (tela). Lávela con agua.
Guaye (ralle) el coco y pongalo en un paño limpio. Eche
el aqua hirviendo sobre el coco y exprímelo. Ponga el liquido en un recipiente limpio. La leche del coco esta lista
para ser usada.

Como Pelar un Plátano Verde

Corte las esquinas del plátano verde. Corte el plátano
verde por la mitad. En un lado del plátano corte un tajo a
lo largo con un cuchillo. Pele la cáscara.

How to Prepare Oil or Lard with Annatto

1 cup vegetable oil or lard	240 ml
¼ cup annatto seeds	60 ml

Cook over low heat for 10 minutes. Strain.

Annatto is used to give color to the food. It is a small red seed known as *achiote* in Spanish. You can find it in the supermarkets and local stores, *"bodegas,"* in the Goya brand. Goya is the main brand on the Hispanic market.

How to Extract the Milk from a Dry Brown Coconut

1 dry brown coconut	
4 cups boiling water	960 kg

Open the coconut and extract the white pulp. Wash it with water. Shred the white pulp and wrap in a clean cloth. Pour the boiling water over it and squeeze it. Pour the liquid into a clean container. The coconut milk is now ready to be used.

How to Peel a Green Plantain

Cut off the two end pieces. Cut the plantain in half. On the side of the plantain, cut a slit lengthwise with a knife. Peel off the skin.

Sofrito

3 cucharadas de aceite o manteca con achiote   45 ml
2 cebollas picadas en pequeños pedacitos
2 pimientos, sin semillas y picados
3 dientes de ajos
1 ramita perejil
1 ramita culantrillo
1 cucharada orégano   15 ml
1 cucharita de aceitunas rellenas   5 ml
3 ajíes dulces, sin semillas y picados
½ taza de salsa de tomate   120 ml

Fría el achiote en el aceite por varios minutos, en fuego lento. Cuélelo y sofría el resto de los ingredientes por 15 minutos. Cuando se enfríe puedes guardar el resto en la nevera. Yo eliminé el jamón porque a la majoría de la gente no le gusta comer manteca y por el alto precio del jamón.

La cantidad de sofrito usada en una receta principalmente es cosa de gusto. Si no estas muy familiar con esto, puedes comenzar por añadir una cucharadita de sofrito a cada libra de ingrediente.

Sofrito

3 tablespoons oil or lard with annatto	45 ml
2 onions finely chopped	
2 green peppers, seeded and chopped into small pieces	
3 garlic cloves	
1 sprig parsley	
1 sprig fresh coriander	
1 tablespoon oregano	15 ml
1 tablespoon chopped stuffed olives	
3 sweet chili peppers, seeded and chopped	
½ cup tomato sauce	240 ml

Fry the achiote in the vegetable oil for a few minutes over low heat. Strain the oil and fry the rest of the ingredients in it for 15 minutes. Let the mixture cool and put in the refrigerator. I eliminate the cooked ham because many people do not like to add any food containing fat; also because of the high cost of meat.

The amount of sofrito used in any recipe is largely a matter of taste. If you are not familiar with it, you can start by adding one tablespoon sofrito to each pound of ingredient.

SOPAS

SOUPS

Puré de Plátano

7 tazas de agua   1.68 l
2 cucharaditas de sal   10 ml
1 tomate, picado
½ libra de carne de sopa   0.22½ kg
3 dientes de ajo, machacados
1 ramita de perejil (opcional)
1 pimiento, sin semillas y picado en pedacitos pequeños
1 cucharada de aceite de oliva con achiote   15 ml
1 plátano verde grande

En una olla cocina todos los ingredientes excepto el plátano verde por 30 minutos. Cuela el caldo y déjalo enfriar. Sasona a tu gusto. Monda el plátano, guáyalo y añade al caldo. Cocina hasta que espese, moviéndolo constantemente.

Sirve 4

Plantain Purée

7 cups water	1.68 l
2 teaspoons salt	10 ml
1 diced tomato	
½ pound soup meat	0.22½ kg
3 crushed garlic cloves	
1 sprig parsely (optional)	
1 green bell pepper, seeded and chopped into small pieces	
1 tablespoon olive oil with annatto	15 ml
1 large green plantain	

In a pot cook all the ingredients except the green plantain for 30 minutes. Drain the broth and let cool. Season to taste. Peel the plantain, grate it and add to the broth. Cook until the mixture thickens, stirring constantly.

Serves 4

Sopa de Cebolla

5 tazas de caldo de carne de res	1.2 l
4 cebollas, picadas en pedazos pequeños	
2 cucharadas de mantequilla	30 ml
½ taza de quezo mozarella rallado	120 ml

Prepara el caldo de carne de res. Sofríe las cebollas en mantequilla y añade el caldo. Sasona a tu gusto. Hierve el caldo y añade el queso y cocina por 5 minutos. Sirve con pan con ajo y una buena ensalada.

Sirve 4

Onion Soup

5 cups beef broth	1.2 l
4 onions, cut into small pieces	
2 tablespoons butter	30 ml
½ cup grated mozarella cheese	120 ml

Prepare beef broth. Sauté the onions in butter and add to the broth. Season to taste. Bring broth to boil and add the cheese and cook for 5 minutes. Serve with garlic bread and a good salad.

Serves 4

Sopón de Garbanzos

1 libra de garbanzos	0.45 kg
10 tazas de agua	2.4 l
½ taza sofrito (vea receta)	120 ml
1 taza de arroz	240 ml
½ libra papas, picadas	120 ml
½ libra calabaza	120 ml
½ cucharadita de sal	2½ ml
2 libra carne de res, picadas	0.90 kg

Remoja en agua los garbanzos la noche anterior. Cocina a fuego lento en la misma agua. Cuando estén blandos añade el resto de los ingredientes. Sasona a tu gusto. Cocina a fuego lento por 25 minutos. Puedes usar garbanzos, soyas, frijoles, habichuelas rositas, negras o gandules. También le puedes añadir habichuelas tiernas.

Los granos son una fuente económica de proteínas y contienen vitaminas y hierro. El grano que más se consume en Puerto Rico es la habichuela colorada. En Puerto Rico por cada taza de grano añaden 4 tazas de agua. Puedes acompañar el sopón con una ensalada de aguacate o con guineítos verdes.

Sirve 7

Chick Pea Soup

1 pound chick peas	0.45 kg
10 cups water	2.4 l
½ cup sofrito (see recipe)	120 ml
1 cup rice	240 ml
½ pound potatoes, cut into small pieces	120 ml
½ pound calabaza (see Glossary)	120 ml
1 teaspoon salt	2½ ml
2 pounds beef, cut into small pieces	0.90 kg

Soak chick peas in water the night before. Cook over low heat in the same water. When they are tender, add all the other ingredients. Season to taste. Cook over low heat for 25 minutes. You can use chick peas, soyas, black-eyed beans, pink beans, black beans, or pigeon peas. You can also use string beans.

Grains are an economical source of protein and contain vitamins and iron. The grain most commonly used in Puerto Rico is the red kidney bean and pink beans. In Puerto Rico for each cup of grain you add 4 cups of water. Serve the soup with a good avocado salad or with green bananas.

Serves 7

Gaspacho

3 cebollas grandes, picadas en pedacitos pequeños
3 pimientos grandes, picados en pedacitos pequeños
3 dientes de ajo
1 ramita perejil
2 pepinillos
2 tazas de agua   480 ml
1 limón
1 cucharadita de sal   15 ml
1 cucharadita de pimienta   15 ml
3 ajíes bravos
3 tomates grandes
1 taza jugo de tomate   240 ml

Mezcla todos los ingredientes en la licuadora y sasona a gusto. Sirve frío. Puedes añadirle 1 cucharada de vino de vinagre y 1 cucharadita de aceite de oliva.

Sirve 4

Gazpacho

3 large onions, cut into small pieces	
3 large peppers, cut into small pieces	
3 garlic cloves	
1 sprig parsley	
2 cucumbers	
2 cups water	480 ml
1 lemon	
1 teaspoon salt	15 ml
1 teaspoon pepper	15 ml
3 red peppers	
3 large tomatoes	
1 cup tomato juice	240 ml

Mix all the ingredients in a blender and season to taste. If desired you can add 1 tablespoon of wine vinegar and 1 teaspoon of olive oil.

Serves 4

Puré de Pescado y Leche de Coco Estilo Conquistador

1 cabeza de pescado
1 litro de leche de coco
1 cebolla, picada en pedazos pequeños
3 dientes de ajo, machacados
1 pimiento, picado en pedazos pequeños
2 ramitas de perejil
1 cucharadita de sal   5 ml
1 cucharadita de pimiento   5 ml

Cocina a fuego lento todos los ingredientes en un litro de leche de coco. Cuela y sasona a gusto.

Sirve 4

Fish Purée with Coconut Milk, "Conquistador" Style

1 fish head
1 liter coconut milk
1 onion, cut into small pieces
3 garlic cloves, crushed
1 pepper, cut into small pieces
2 sprigs parsley
1 teaspoon salt   5 ml
1 teaspoon pepper   5 ml

Over a low heat, cook all the ingredients in a liter of coconut milk. Strain and season to taste.

Serves 4

El Jibarito

7 tazas de agua con sal	1.68 l
½ libra habichuelas blancas	0.22½ kg
½ libra yautía blanca, mondadas y picadas en pedacitos	0.22½ kg
½ libra yautía amarilla, mondadas y picadas enpedazos	0.22½ kg
½ libra ñame, mondado y picado en pedazos pequeños	0.22½ kg
½ libra batata, mondada y picada en pedazos	0.22½ kg
1 plátano verde, mondado y picado en pedazos de 2 pulgadas	
2 cebollas, picadas en pedacitos pequeños	
1 cucharadita de aceite vegetal con achiote	
½ lb. habichuelas tiernas, picadas en pedacitos	0.22½ kg
3 dientes de ajo, machacados	

En un caldero o una olla grande ponga a hervir todos los ingredientes. Sasone a gusto con sal y pimienta. Cocine a fuego bajo por 30 minutos. Puedes acompañar con una buena ensalada de aguacate.

Sirve 4

The Jibarito

7 cups of salted water	1.68 l
½ lb. white beans	0.22½ kg
½ lb. white yautia, peeled and cut into small pieces	0.22½ kg
½ lb. yellow yautia, peeled and cut into small pieces	0.22½ kg
½ lb. yams, peeled and cut into small pieces	0.22½ kg
½ lb. sweet potatoe, peeled and cut into small pieces	0.22½ kg
1 green plantain, peeled and cut into 2-inch pieces	
2 onions cut into small pieces	
1 teaspoon of vegetable oil with annatto	5 ml
½ lb. string beans, cut into small pieces	0.22½ kg
3 garlic cloves, crushed	

In a heavy skillet, bring to a rapid boil all the ingredients. Season to taste with salt and pepper. Lower the heat and cook for 30 minutes.

Serve with avocado salad.

Serves 4

CARNES Y AVES

MEAT AND POULTRY

Cabrito en Fricasé

2 libras carne de cabrito tierno, picado en pedazos	
pequeños	0.90 kg
1 naranja agria o un limón	
½ taza de aceite con achiote	120 ml
3 dientes de ajos	
1 cucharadita de orégano seco	5 ml
1 cucharadita de sal	5 ml
1 cucharadita de pimienta	5 ml
1 cucharada de vinagre	15 ml
3 ajíes dulces, picados	
1 tomate, picado	
3 hojas de laurel	
1 onza de tocino y jamón de cocinar (opcional)	
1 taza salsa de tomate	240 ml
1 taza de vino o ron de Puerto Rico	240 ml
1 pote (8 onzas) de pimientos morrones	
1 libra de papas, mondadas y cortadas en pedazos	
1 latita de petit-pois (guisantes)	

Lava bien el cabrito con naranja agria o limón. Adoba con el aceite con achiote, ajos, orégano, sal pimienta y vinagre. En un caldero grande sofríe el cabrito en el aceite caliente, basta que este dorado. Añade el resto de los ingredientes, y sofríelos. Añade el agua y hierve por 1½ hrs. Baja el fuego y añade las papas, mondadas y cortadas en pedazos. Añade petit-pois. Puedes servir con viandas, arroz blanco y una buena ensalada.

Sirve 6

Young Goat Fricassee

2 pounds young goat's meat, cut into small pieces	0.90 kg
1 bitter orange or lemon	
½ cup oil with annatto	120 ml
3 cloves garlic	
1 teaspoon oregano	5 ml
1 teaspoon salt	5 ml
1 teaspoon pepper	5 ml
1 tablespoon vinegar	5 ml
3 sweet peppers, chopped	
1 tomato, chopped	
3 bay leaves	
1 ounce salted pork and cooked ham (optional)	28 gr
1 cup tomato sauce	240 ml
1 cup wine or Puerto Rican Rum	240 ml
1 can (8 oz.) red roasted peppers	
1 pound potatoes, peeled and cut in pieces	0.45 kg
1 can petit-pois	

Wash the young goat well with juice of bitter orange or lemon. Rub with the oil with annatto, garlic, oregano, salt, pepper and vinegar. In a large pot sauté the young goat in hot oil till golden brown. Add the rest of the ingredients and sauté them. Add water to cover, and cook for 1½ hrs. Lower the heat and add the potatoes, peeled and cut into pieces. Add petit-pois.

You can serve with green vegetables, cooked white rice and a good salad of avocado and string beans.

Serves 6

Carne Encebollada

3 libras de carne de res	1.35 kg
½ taza de vinagre	120 ml
3 dientes de ajo, machacados	
1 taza de manteca o aceite vegetal con achiote	240 ml
7 cebollas, picadas en ruedas finas	

Lava la carne con vinagre. Muele ajo con sal y pimienta y adoba la carne. Calienta el sartén. Añade el aceite. Cuando el aceite esté caliente, fríe la carne por ambos lados. Sofríe las cebollas y añade a la carne. Cocina a vapor por ½ hora.

En Puerto Rico acompañan este sabroso plato con arroz blanco, habichuelas rositas, viandas y una ensalada de aguacate y habichuelas tiernas.

Sirve 7

Meat with Onions

3 pounds beef (any standard cuts)	1.35 kg
½ cup vinegar	120 ml
2 garlic cloves, crushed	
1 cup lard or vegetable oil with annatto	240 ml
7 onions, cut in thin slices	

Wash the meat with vinegar. Mash the garlic together with salt and pepper and season the meat with it. Heat the frying pan. Add the oil. When the oil is hot, fry the meat on both sides. Sauté the onions and add to the meat. Cook slowly for ½ hour.

In Puerto Rico, this meat is served with white cooked rice, kidney beans, greens and a good salad of avocado and string beans.

Serves 7

Carne Mechada con Papas

1½ libras de carne de masa	0.77½ kg
3 dientes de ajo, machacados	
1 cucharadita de sal	5 ml
1 cucharada de vinagre	15 ml
1 cebolla, picada en pedacitos	
1 cucharada de aceitunas y alcaparras	15 ml
2 cucharadas aceite o manteca con achiote	30 ml
3 papas, partidas en 2 pedazos	

Adoba la carne con ajo, sal y vinagre. Corta en el medio y rellena con los demas ingredientes. Dora la carne en la manteca con achiote. Dora las papas. Cubre con agua. Sasona a gusto. Cocina por 45 minutos en fuego bajo (tapa la olla).

Sirve 4

Pot Roast with Potatoes

1½ pounds pot roast	0.77½ kg
3 garlic cloves, crushed	
1 teaspoon salt	5 ml
1 tablespoon vinegar	15 ml
1 onion, cut into small pieces	
1 tablespoon olives and capers	15 ml
2 tablespoons oil or lard with annatto	30 ml
3 potatoes, cut into halves	

Season the meat with garlic, salt and vinegar. Make small holes in the meat and fill with chopped onions, olives and capers. Brown the meat in the lard with annatto. Sauté the potatoes. Cover with water. Season to taste. Cook for 45 minutes, covered, over low heat.

Serves 4

Fricasé de Gallina

No hay nada mas sabroso que comerse un fricasé de gallina, acompañado de arroz blanco y una ensalada de aguacate.

1 gallina (3 libras), cortada en pedazos pequeños	1.35 kg
1 cucharada jugo de limón	15 ml
1 taza de aceite vegetal o manteca con achiote	240 ml
3 dientes de ajo, machacados	
1 pimiento, picado en pedacitos pequeños	
1 cebolla	
1 tomate	
1 libra de papas, mondadas y cortadas en pedazos	0.45 kg
1 cucharadita de sal	5 ml
1 cucharadita de pimienta	5 ml
1 taza vino	240 ml
½ taza de minientos morrones	120 ml
½ taza guisantes (petit-pois)	120 ml

Lava la gallina con jugo de limón o vinagre. Adoba con aceite, ajos machacados, pimienta y sal. Sofríe en aceite y cuando este dorada añade todos los ingredientes. Sasona a gusto.

Añade el agua hasta que quede cubierta y cocina por ½ hora.

Añade el vino y cocina por 15 minutos más. Decora con pimientos morrones y guisantes (petit-pois).

Sirve 4

Chicken or Hen Fricassee

There is nothing more delicious than a hen or chicken fricassee, served with white rice and an avocado salad.

1 hen (3 pounds) cut into serving pieces	1.35 kg
1 tablespoon lemon juice	15 ml
1 cup vegetable oil or lard with annatto	240 ml
3 garlic cloves, crushed	
1 green pepper, cut into small pieces	
1 onion	
1 tomato	
1 pound potatoes, peeled and cut into serving pieces	0.45 kg
1 teaspoon salt	5 ml
1 teaspoon pepper	5 ml
1 cup wine	240 ml
½ cup roasted red peppers	120 ml
½ cup petit-pois	120 ml

Wash the hen with juice of lemon or vinegar. Rub with oil, crushed garlic, pepper and salt. Sauté in oil, and when it is golden brown, add the rest of the ingredients. Season to taste. Add water to cover hen and cook for ½ hour. Add the wine and cook for 15 minutes more. Garnish with roasted red peppers and petit-pois.

Serves 4

Filete de Carne

3 libras de filete (carne de res, tenera, etc.)   1.35 kg
1 cucharadita de vinagre   15 ml
3 cucharadas de aceite de oliva   45 ml
3 cebollas, picadas en ruedas finas
3 pimientos, picados en pedacitos pequeños
3 dientes de ajo, machacados
1 cucharadita de sal   5 ml
1 cucharadita de pimiento   5 ml
1 latita (4 onzas) de pimientos marrones
3 cucharadas de vino blanco   45 ml
3 tomates, picados
1 latita (6 onzas) de salsa de tomate

Lava el filete con el vinagre y adóbalo con sal. Sofríe el
filete en el aceite de oliva, añade las cebollas, pimientos y
dientes de ajo. Sofríe hasta que estén blandos. Añade el
resto de los ingredientes. Sasona a tu gusto. Cocina a
fuego bajo por 15 minutos. Sirve con arroz blanco y
habichuelas.

Sirve 4

Fillet of Meat

3 pounds fillets (beef, veal, etc.)	1.35 kg
1 tablespoon vinegar	15 ml
3 tablespoons olive oil	45 ml
3 onions, cut into round slices	
3 peppers, cut into small pieces	
3 garlic cloves, crushed	
1 teaspoon salt	5 ml
1 teaspoon pepper	5 ml
1 can (4 ounces) red roasted peppers	
3 tablespoons white wine	45 ml
3 tomatoes, cut into pieces	
1 can (6 ounces) tomato sauce	

Wash the fillets with vinegar and rub with salt. Sauté the fillets in the olive oil, add the onions, peppers and garlic cloves. Sauté until tender. Add the rest of the ingredients. Season to taste. Cook for 15 minutes over low heat. Serve with cooked white rice and beans.

Serves 4

Asopao de Pollo

1 pollo (1½ libras) picado en pedazos	0.67½ kg
1 limón	
3 dientes de ajo	
1 cucharadita de sal	5 ml
1 cucharadita de pimiento	5 ml
½ cucharada de vinagre	2½ ml
1 taza sofrito (vea receta)	240 ml
½ taza aceite de oliva	120 ml
7 tazas de agua hirviendo	1680 ml
½ taza de salsa de tomate	120 ml
2 tazas de arroz	480 ml
1 taza de pimientos morrones	240 ml
1 taza de guisantes (petit-pois)	240 ml
1 lata de esparagos	

Lava el pollo con jugo de limón. Adoba con ajo, sal, vinagre, pimienta y aceite. Prepara sofrito (receta página 14). En un caldero, sofríe el pollo a fuego lento (15 minutos). Añade sofrito, aceite, agua hirviendo y salsa de tomate. Añade arroz, menéalo y cocine a fuego lento tapado por 30 minutos. Decora con pimientos morrones, petit-pois y espáragos.

Sirve 4

Soupy Rice with Chicken

1 chicken (1½ pounds) cut into	
small pieces	0.67½ kg
1 lemon	
3 garlic cloves	
1 teaspoon salt	5 ml
1 teaspoon pepper	5 ml
½ teaspoon vinegar	2½ ml
1 cup sofrito (see recipe)	240 ml
½ cup olive oil	120 ml
7 cups boiling water	1680 ml
½ cup tomato sauce	120 ml
2 cups rice	480 ml
1 cup roasted red peppers	240 ml
1 cup petit-pois	240 ml
1 can asparagus	

Wash chicken with juice of lemon. Rub with garlic, salt, vinegar and oil. Prepare sofrito (see page 15). In a heavy skillet, sauté the chicken over low heat for 15 minutes. Add sofrito, oil, boiling water and tomato sauce. Add rice, stir it and cook over low fire, covered, for 30 minutes. Garnish with red peppers, petit-pois and asparagus.

Serves 4

Lengua Mechada

3 libras de lengua de res	1.35 kg
1 cucharada de vinagre o jugo de limón	15 ml
3 cucharaditas de sal	15 ml
1 cucharadita de pimienta	5 ml
3 dientes de ajo, machacados	
1 cucharadita de orégano seco	5 ml
3 ajíes dulces, picados	
1 tomate, picado en pedazos pequeños	
1 cebolla, pelada y picada en pedazos pequeños	
1 cucharada manteca con achiote	15 ml
1 cucharada de aceite de oliva	15 ml
3 hojas de culantro	
1 pimiento verde, picado en pedazos pequeños	
½ taza de vino	120 ml
6 tazas de agua	1.54 l
3 papas, mondadas y cortadas en pedazos pequeños.	

Lave la lengua con vinagre o jugo de limón. Cocine a vapor por 1 hora. Limpie la lengua y cortele la capa dura. Déle un tajo a lo largo de la lengua. Adobe con sal, pimienta, ajo, aceite y orégano, por fuera y por dentro. Rellene la lengua, con pimiento, tomate, cebolla y manteca con achiote.

Caliente el caldero, caliente el aceite y dore la lengua a fuego lento. Añada el resto de los ingredientes. Cocine a fuego lento hasta que la lengua esté blandita. Añada las papas cortadas en pedazos y cocine por 20 minutos más. Sirva con arroz con gandules o arroz blanco con habichuelas.

Sirve 7

Stuffed Larded Tongue

3 pounds beef tongue	1.35 kg
1 tablespoon vinegar or lemon juice	15 ml
3 teaspoons salt	15 ml
1 teaspoon pepper	5 ml
3 cloves garlic, crushed	
1 teaspoon oregano	5 ml
3 red peppers, chopped	
1 tomato, chopped into small pieces	
1 onion, peeled and chopped into small pieces	
1 tablespoon lard with annatto	15 ml
1 tablespoon olive oil	15 ml
3 coriander leaves	
1 green pepper, chopped into small pieces	
½ cup of wine	120 ml
6 cups of water	1.54 l
3 potatoes, peeled and cut into small pieces	

Wash tongue with vinegar or lemon juice. Steam for 1 hour. Clean the tongue and remove the hard core. Cut the tongue lengthwise. Rub with salt, pepper, garlic, oil and oregano outside and inside. Fill in the tongue with the pepper, tomato, onion and lard with annatto.

Heat the oil in a large skillet and cook the tongue over low heat until a golden color and tender. Add rest of ingredients. Add the potatoes cut into small pieces and cook 20 minutes more. Serve with rice and pigeon peas or white rice and beans.

Serves 7

Rellenos de Chayote

6 chayotes hervidos en agua con sal
1 taza de carne de res molida con sofrito
  (vea página 76)   240 ml
¼ taza de pasas   60 ml
3 huevos batidos
2 tazas de aceite vegetal o manteca caliente   480 ml

Parta chayotes por la mitad. Hierva los chayotes hasta que
esten blanditos. Elimine la parte dura del medio. Rellene
con el relleno de carne. Añada las pasas al relleno de
carne. Cubra con los huevos batidos. Fría en el aceite vegetal o la manteca caliente.

Puedes rellenar con queso de papa, si no quieres comer
carne.

Sirve 12

Chayotes with Meat Filling

6 chayotes boiled in water with salt
1 cup ground beef with sofrito (see page 77) 240 ml
¼ cup raisins 60 ml
3 beaten eggs
2 cups hot vegetable oil or lard 480 ml

Cut chayotes in half, and boil until tender. Eliminate the hard core in the middle, and fill with meat filling. Add the raisins to the meat filling. Cover filled chayotes with beaten eggs; turn them over and fry in hot vegetable oil or lard.

You can fill the chayotes with Cheddar cheese, if you prefer not to use meat.

Serves 12

Sesos Empanados

2 libras de sesos	0.90 kg
4 tazas de agua con sal	960 ml
2 huevos	
1 cucharadita de sal	5 ml
¼ cucharadita de pimienta	1.1 ml
1 taza de polvo de galleta	240 ml
2 tazas de aceite vegetal	480 ml

Lave los sesos. Cocine a vapor por 10 minutos en 4 tazas de agua con sal. Quíteles la membrana y píquelos en rebanadas finas. Bata los huevos y sasona los a gusto. Moje las rebanadas de seso en el huevo batido. Cubra con el polvo de galleta. Fría los sesos en manteca caliente hasta que queden doraditos.

Sirve 5

Breaded Brains

2 pounds brains	0.90 kg
4 cups salted water	960 ml
2 eggs	
1 teaspoon salt	5 ml
¼ teaspoon pepper	1.1 ml
1 cup bread or cracker crumbs	240 ml
2 cups vegetable oil	480 ml

Wash the brains and steam them in salted water for 10 minutes. Remove outer membranes and cut into small pieces. Beat the eggs and season to taste. Dip the slices of brain into the egg batter. Coat with the crumbs. Fry the brains in hot oil until golden brown.

Serves 5

La Favorita de Francine
(Cocido Mágico de Mollejitas de Pollo)

1 libra mollejitas de pollo	0.45 kg
2 cucharadas de mantequilla	30 ml
1 cebolla grande picada en pedazos pequeños	
3 dientes de ajo, machacados	
4 tazas de agua	960 ml
1 libra de habichuelas tiernas cortadas en pedazos de 1 pulgada	0.45 kg
4 zanahorias cortadas en pedazos de 1 pulgada	
1 libra espárragos cortados en pedazos de 1 pulgada (opcional)	0.45 ml
1 cucharadita de sal	5 ml
1 cucharadita de pimienta	5 ml

Lava las mollejitas. Sofríe las mollejitas de pollo por 15 en la mantequilla. Sofríe los dientes de ajo y la cebolla. Añade las 4 tazas de agua y cocina a fuego bajo por ½ hora. Añade el resto de los ingredientes cocina por 15 minutos. Sasona con sal y pimienta. Sirve con arroz cocinado.

Sirve 4

Francine's Favorite (Chicken Gizzard Magic Stew)

1 lb. chicken gizzards	0.45 kg
2 tablespoons butter	30 ml
1 large onion, cut into small pieces	
3 cloves garlic, crushed	
4 cups water	960 ml
1 lb. string beans cut into 1-inch pieces	0.45 kg
4 carrots cut into 1-inch pieces	
1 lb. asparagus cut into 1-inch pieces	
(optional)	0.45 kg
1 teaspoon salt	5 ml
1 teaspoon pepper	5 ml

Wash the gizzards. Sauté the chicken gizzards in butter for 15 minutes. Sauté the cloves of garlic and the onion. Add the 4 cups of water and simmer for ½ hour. Add the rest of the ingredients and cook for 15 minutes. Season to taste with salt and pepper. Serve with cooked rice.

Serves 4

PESCADOS

FISH

Harina de Maíz con Bacalao

1 libra filete de bacalao	0.45 kg
3 cebollas picadas en pedazos pequeños	
2 pimientos verdes sin semillas y cortados en pedazos pequeños	
3 dientes de ajo	
½ taza de aceite vegetal	120 ml
1 libra harina de maíz fina	0.45 kg
½ taza de salsa de tomate	120 ml
2 cucharadas de aceite de oliva con achiote	30 ml
1 cucharadita de sal	5 ml
1 cucharadita de pimienta	5 ml

Remoja el bacalao en agua para quitarle el exceso de sal. Corta el bacalao en pedacitos pequeños. Pica en pedacitos la cebolla, pimiento y dientes de ajo. Sofríe hasta que la cebolla esté tierna y dorada. A seis tazas de agua añádele la harina de maíz moviéndola constantemente para evitar que se empelote. Cocina hasta que la harina de maíz este cocinada. Añádele el resto de los ingredientes y sasona a tu gusto.

Sirve 4

Yellow Corn Meal and Cod Fish

1 pound codfish fillet	0.45 kg
3 onions cut into small pieces	
2 green peppers, seeded and cut into small pieces	
3 garlic cloves	
½ cup vegetable oil	120 ml
1 pound fine corn meal	0.45 kg
½ cup tomato sauce	120 ml
2 tablespoons olive oil with annatto	30 ml
1 teaspoon salt	5 ml
1 teaspoon pepper	5 ml

Soak the codfish in water for 1 hour to remove excess salt. Cut codfish into small pieces. Dice onions, peppers, garlic cloves and sauté until onion is tender and golden brown. To six cups of cold water add the corn meal, stirring constantly to avoid lumping. Cook until corn meal is well done. Add the rest of the ingredients and season to taste.

Serves 4

Pescado en Escabeche

5 libras de pescado, cortado en ruedas de l pulgada	2.25 kg
1 limón	
3 granos de ajo, machacados	
2 tazas de aceite de oliva o vegetal	480 ml
1 taza vinagre	240 ml
2 hojitas de laurel	
3 cucharaditas de sal	15 ml
12 granos de pimienta	
1 taza de harina de trigo	240 ml

Limpie el pescado. Quítele las escamas y lávelo con limón. Sasone a gusto. Fría en aceite los granos de ajo y añádale todos los ingredientes. Polvoree el pescado en harina de trigo. Sofría hasta que quede dorado. Coloque en envase de cristal, con aceite, vinagre y todos los ingredientes. Deje enfriar y sírvalo.

Sirve 4

Pickled Fish

5 pounds whole fish, cut crosswise into round pieces, 1-inch thick	2.25 kg
1 lemon	
3 garlic cloves, crushed	
2 cups olive or vegetable oil	480 ml
1 cup vinegar	240 ml
2 bay leaves	
3 teaspoons salt	15 ml
12 grains pepper	
1 cup wheat flour	240 ml

Clean the fish. Remove the scales and wash fish with lemon juice and water. Season to taste. Fry the minced garlic in oil and add the other ingredients. Coat the fish with the wheat flour and fry until golden brown. Mix everything in a glass container. Let cool and serve.

Serves 4

Serenata

1 libra de bacalao sin espinas	0.45 kg
2 papas mondadas, picadas en ruedas finas	
6 guineítos	
4 yautías	
1 cabeza de lechuga	
3 tomates picados en ruedas finas	
1 aguacate	
1 cucharadita de sal	5 ml
1 cucharadita de pimienta	5 ml
1 taza de aceite de oliva	240 ml
2 cucharadas de vinagre	30 ml

Remoja el bacalao por 3 horas en agua. Cuélalo. Hierve el bacalao por 10 minutos. Desmenúcelo. Hierve la yautía, papas y guineítos, hasta que estén cocinudos. Prepara la ensalada, "Serenata," con todos los ingredientes. Prepara una salsa con el aceite, vinagre, sal y pimienta y sasona la Serenata.

Sirve 7

Serenata (Codfish Salad)

1 pound boneless codfish	0.45 kg
2 potatoes, peeled and cut in thin slices	
6 green bananas	
4 yautías	
1 head lettuce	
3 tomatoes cut in thin slices	
1 avocado	
1 teaspoon salt	5 ml
1 teaspoon pepper	5 ml
1 cup olive oil	240 ml
2 tablespoons vinegar	30 ml

Soak codfish in water for 3 hours. Strain. Boil codfish for 10 minutes. Separate into small pieces. Boil yautía, potatoes and green bananas until done. Shred the lettuce and prepare the salad, "Serenata," with all the ingredients. Prepare a sauce with the oil, vinegar, salt and pepper and season the Serenata.

Serves 7

Camarones al Ajillo Estilo Guanajibo

2 libras de camarones, cocinados y sin cáscaras	0.90 kg
½ taza de aceite de oliva	120 ml
1 cucharada de vinagre o limón	15 ml
7 dientes de ajo, machacados	5 ml
2 ajíes dulces, picados en pedacitos pequeños	
1 cucharadita de sal	5 ml
1 cucharadita de pimienta	5 ml

Mezcla todos los ingredientes y echa sobre los camarones.

Sirve 12

Shrimps with Garlic Guanajibo Style

2 pounds shrimps, peeled and cooked	0.90 kg
½ cup olive oil	120 ml
1 tablespoon vinegar or lemon	15 ml
7 garlic cloves, crushed	
2 sweet peppers, seeded and cut into small pieces	
1 teaspoon salt	5 ml
1 teaspoon pepper	5 ml

Mix all the ingredients together and pour over the shrimps.

Serves 12

HORTALIZAS

VEGETABLES

Maravilloso Plato Economico
*(Como usar las habas como un
substituto de carne)*

1 libra de habas secas	0.45 kg
5 tazas de agua	1.12 l

3 tomates picados en pedazos pequeños
1 pimiento verde, fresco picado en pedazos pequeños
1 cebolla grande picada en pedazos pequeños
3 granos de ajo, pelados y picados en pedacitos pequeños

½ cucharadita de sal	2½ ml
½ cucharadita de pimienta	2½ ml
1 taza salsa de tomate	240 ml

3 plátanos amarillos cortados en pedazos
  de 1½ pulgadas
1¼ libra de calabaza, mondada, sin semillas y
  cortada en pedazos pequeños

Remoja las habas en agua la noche antes. Sofríe los tomates, pimientos, cebollas y ajo en el aceite de oliva. En
una cacerola pesada añade estos ingredientes a las habas,
déjalas hervir y baja el fuego. Sasona a gusto. Añade los
plátonos amarillos cortados en pedazos de 1½ pulgadas y
la calabaza. Cocina hasta que las habas estén blanditas (30
minutos). Sirve con arroz.

Sirve 7

Money-Saving Wonder Dish
(How to use lima beans as a substitute for meat)

1 pound dry lima beans	0.45 kg
5 cups of water	1.12 l
3 tomatoes cut into small pieces	
1 fresh green pepper cut into small pieces	
1 large onion cut into very small pieces	
3 garlic cloves peeled and cut into small pieces	
½ teaspoon salt	2½ ml
½ teaspoon pepper	2½ ml
1 cup tomato sauce	240 ml
3 ripe plantains cut into 1½ inch pieces	
1½ pound calabaza (see Glossary), peeled, seeded and cut into small pieces	

Soak lima beans in water overnight. Sauté tomatoes, peppers, onions and garlic in olive oil. In a heavy saucepan, add the mixture to the lima beans, bring to a boil and lower the heat. Season to taste. Add the ripe plantains cut into 1½ inch pieces, and the calabaza. Cook until lima beans are tender (30 minutes). Serve with rice. Rice and beans are a complete protein meal.

Serves 7

Hamburgesas de Habas

3 tazas de habas concinadas	720 ml
½ taza de cebollas, picadas en	
pedazos pequenos	120 ml
½ taza de pimientos verdes or rojos, picadas	120 ml
2 huevos, batidos	
1 cucharadita sal	5 ml
1 cucharadita pimienta en polvo	5 ml
3 cabezas de ajo, machacados	
2 tazas de aceite vegetal	480 ml

Maja las habas. Añade las cebollas y los pimientos. Sasona a gusto con sal, pimienta y ajo. Añade el huevo batido. Prepara tortitas y polvórea con harina. Fríe en aceite vegetal caliente.

Sugerencia: Sirve en bollo de pan con lechuga, tomates en rueda y salsa de tomate.

Sirve 10 a 12

Lima Bean Burgers

3 cups cooked lima beans	720 ml
½ cup chopped onion	120 ml
½ cup chopped green or red pepper	120 ml
2 eggs, beaten	
1 teaspoon salt	5 ml
1 teaspoon ground pepper	5 ml
3 cloves garlic, crushed	
2 cups vegetable oil	480 ml

Mash the cooked lima beans. Add onion and peppers. Season to taste with salt, pepper and garlic. Add beaten egg. Make small patties and coat them with flour. Fry in hot vegetable oil.

Suggestion: Serve on bun with lettuce, sliced tomato and ketchup.

Serves 10 to 12

Berenjenas Rellenas

2 berenjenas
1 taza de relleno de carne (vea receta)   240 ml
1 cucharadita de sal   5 ml
1 cucharadita de pimienta   5 ml

Corte a lo largo las berenjenas. Prepare una taza de relleno de carne. Sasone a gusto. Coloque el relleno en
medio de las berenjenas. Enrolle las berenjenas y pinche
con palillos. Coloque en molde engrasado y ponga en el
horno a 350°F por 30 minutos.

Sirve 4

Stuffed Eggplant

2 eggplants
1 cup meat filling (see recipe)   240 ml
1 teaspoon salt   5 ml
1 teaspoon pepper   5 ml

Cut the eggplants lengthwise. Prepare a cup of meat stuffing. Season to taste with salt and pepper. Place the filling in the middle of the eggplants. Roll the eggplants and fasten with toothpicks. Place in greased baking dish and bake at 350°F for 30 minutes.

Serves 4

Piñon Boricua

1 libra de carne de res, molida	0.45 kg
1 taza de manteca o aceite vegetal	
con achiote	240 ml
Sofrito	
¼ libra pasas	0.11 kg
1 libra de habichuelas verdes, cocinadas	
y sazonadas a gusto	0.45 kg
7 amarillos (plátanos maduros)	
6 huevos	
1 cebolla grande picada	
2 dientes de ajo, machacados	
1 pimiento verde (si le gusta el pique puede	
usar chiles picantes)	
7 aceitunas, rellenas con pimientos	
1 cucharadita de alcaparras	
4 cucharadas de pasta de tomate	

Sofría la carne en manteca o aceite vegetal con sofrito. Añada las pasas y habichuelas tiernas. Dore los amarillos partidos en tajadas. Bata los huevos y sasónelos a su gusto. En un sartén caliente la manteca o aceite vegetal y fría los huevos, coloque las tajadas de amarillos y encima la carne con la habichuelas tiernas. Vire y haga lo mismo. Cocine a fuego lento por 15 minutos. Puede hornear en un molde engrasado por 30 minutos a 350°F.

Sirve 7

Plantains and Meat

1 pound ground beef	0.45 kg
1 cup lard or vegetable oil with annatto	240 ml
Sofrito	
¼ pound raisins	0.11 kg
1 pound string beans, cooked and	
seasoned to taste	0.45 kg
7 ripe plantains	
6 eggs	
1 large onion, cut into small pieces	
2 cloves garlic, crushed	
1 green pepper (if you like it hot, use hot peppers)	
7 olives, stuffed with pimentos	
1 teaspoon capers	
4 tablespoons tomato paste	

Sauté the ground meat in lard or vegetable oil with sofrito. Add the raisins and the string beans. Fry the ripe plantains until golden brown. Beat the eggs and season to taste. In a skillet, cook the eggs in hot oil, and spoon over them the ripe plantains, the ground meat and the string beans. Add rest of ingredients. Turn the mixture over and cook over low heat for 15 minutes; or you can put in the oven in a greased baking dish for 30 minutes at 350°F.

Serves 7

Amarillos Rellenos con Carne

2 amarillos (plátanos maduros)	
2 tazas de agua	480 ml
1 cucharadita de sal	5 ml
1 cucharada de mantequilla	15 ml
1 taza harina de trigo	240 ml
1 taza de relleno de carne (vea receta)	
o queso	240 ml

Cocina a vapor los amarillos en 2 tazas de agua con sal por 25 minutos. Májalos con mantequilla. Sasónalos a tu gusto y déjalos enfriar. Pon la harina en la palma de la mano. Divide amarillos en tres racionen. Rellena en el medio con carne o queso. Forma relleno y polvorea con la harina para que no se pegue. Fríe en manteca o aceite caliente hasta que queden doraditos.

Sirve 7

Filled Ripe Plantains

2 ripe plantains	
2 cups water	480 ml
1 teaspoon salt	5 ml
1 tablespoon butter	15 ml
1 cup wheat flour	
1 cup meat filling (see recipe) or cheese	240 ml

Cook the ripe plantains in two cups water seasoned with salt for 25 minutes. Peel and mash with butter. Season to taste and let cool. Put flour in the palms of your hands. Divide plantains into three parts and flatten. Fill the center of each with meat or cheese. Shape the plantain around the filling and powder with flour to avoid sticking. Fry filled plantains in hot lard or oil until they reach a golden color.

Serves 7

Guánimes

Esta receta es típica de nuestros campos. Pruebala, se que te encantara. Recuerda que nuestra comida es parte de nuestra cultura y no hay comida como la nuestra.

½ libra de harina de maíz o plátanos verdes	0.22½ kg
½ cucharadita de sal	5 ml
1 taza leche de coco	240 ml
½ cucharadita de anís (opcional)	2½ ml
1 cucharada azúcar	15 ml

Mezcla todos los ingredientes. Echale el anís a la leche de coco. Forma una masa y divídela en 7 partes. En un hoja de plátano o papel especial engrasado con manteca con achiote, extiende la masa, enrolla y amarrala por las puntas. Cocina a vapor por 35 minutos.

Guineítos Niños Fritos con Queso

7 guineítos niños	
3 cucharaditas de mantequilla	15 ml
3 cucharaditas de queso rallado	15 ml

Monda guineítos debajo del agua. Sofríe en mantequilla hasta que queden dorados. Polvorea con el queso.

Sirve 7

Guánimes

This recipe is typical of our countries. Try it, I know it will delight you. Remember that our food is part of our culture and there is no food like it.

½ pound corn meal or green plantains	0.22½ kg
½ teaspoon salt	5 ml
1 cup coconut milk	240 ml
½ teaspoon anisette (optional)	2½ ml
1 tablespoon sugar	15 ml

Add the anisette to the coconut milk and mix all the ingredients. Prepare the dough and divide it into 7 parts. On a plantain leaf or special paper* greased with lard or oil with annatto, spread each piece of dough, roll up the plantain leaf or paper and tie at the ends with kitchen string. Steam or boil for 35 minutes.

*Available in specialty shops.

Fried Bananas with Cheese

7 small bananas	
3 teaspoons butter	15 ml
3 teaspoons shredded cheese	15 ml

Peel bananas under water. Fry in butter until they reach a golden color. Sprinkle cheese over them.

Serves 7

Pasteles Boricuas (58 pasteles)

10 libras guineítos verdes   0.45 kg
  6 plátanos verdes
  5 libras yautía   2.25 kg
  3 tazas de leche   0.62 litro
  1 cup manteca o aceite vegetal con achiote

Relleno:
  8 libras de carne molida de masa   0.280 kg
  2 tazas garbanzos   0.48 litro
  1 taza alcaparrado   0.24 litro
Sofrito

Se guayan los guineítos, plátanos y yautías. Se mezclan con leche y achiote y se sasonan a gusto. Se prepara la carne con el sofrito y se deja cocinar a vapor.

Se preparan tres envases, uno con la masa, uno con la carne (relleno) y otro con suficiente manteca o aceite vegetal con achiote.

Se engrasa el medio del papel hoja*. Se pone una cucharada de masa y encima se le pone el relleno. Se doblan las esquinas y se amarra. Hierva a vapor durante 2 horas.

*Puedes usar hojas de platano o papel especial.

Pasteles Boricuas (58 pasteles)

10 pounds green bananas   0.45 kg
  6 green plantains
5 pounds yautía   2.25 kg
3 cups milk   0.62 liter
  1 cup lard or vegetable oil with annatto

Filling:
  8 pounds ground meat   0.280 kg
  2 cups chick peas   0.48 liter
  1 cup olives and capers   0.24 liter
Sofrito

Grate the green bananas, plantains and yautía. Mix with the milk and 2 tablespoons of lard or oil with annatto and season to taste. Prepare the meat filling with the seasonings, and cook until meat is browned.

Prepare three containers, one with the banana mixture, one with the meat filling and the other with sufficient lard or vegetable oil with achiote.

To make individual pasteles, put generous amount of oil in the middle of a paper or leaf.* Add one tablespoon of the mixture and one tablespoon of the meat filling. Fold the corners and tie with kitchen string. Boil in salted water for 2 hours.

*You can use plantain leaves or a special paper available in specialty stores.

Pasteles de Jueyes

4 libras yautía	180 kg
7 plátanos verdes	
1 lata de leche condensada	240 ml
1 cucharada de sal	15 ml
½ taza de manteca o aceite con achiote	120 ml
Hojas de envolver pasteles o papel	

Relleno:

2 tazas de cangrejos, picados en pedacitos	480 ml
½ taza aceitunas rellenas	120 ml
3 dientes de ajo, machacados	
½ taza de aceite de oliva	120 ml
¼ taza de pimientos morrones	
2 tomates, picados en pedacitos	
2 pimientos, picados en pedacitos	
1 latita (8 onzas) de salsa de tomate	
5 hojitas de cilantro, picadas en pedacitos	
1 hojita de laurel, picadas en pedacitos	

Guaya los plátanos verdes y la yautía. Añada la leche y la manteca o aceite con achiote. Mezcle. Sasone a tu gusto. Sofría todos los ingredientes en un poquito de manteca o aceite con achiote y sasona a tu gusto. Engrase con manteca o aceite con achiote el medio de las hojas o el papel. Ponga una cucharada de masa y una del relleno. Se doblan las esquinas y se amarran igual que el pastel de masa. Cocine a vapor por 1½ horas.

Sirve 12

Crab Pie

4 pounds yautía	180 kg
7 green plantains	
1 cup of lukewarm milk	240 ml
1 tablespoon salt	15 ml
½ cup lard or oil with annatto	120 ml
Green plantain leaves or paper for wrapping pasteles*	

Filling:

2 cups crab meat, cut into small pieces	480 ml
½ cup stuffed olives	120 ml
3 cloves garlic, crushed	
½ cup olive oil	120 ml
½ cup roasted red peppers	
2 tomatoes, cut into pieces	
2 peppers, cut into pieces	
1 cup (8 ounces) tomato sauce	
5 leaves coriander, cut into small pieces	
1 bay leaf	

Shred the plantains and the yautía. Add the milk 1 table-spoon lard or oil with annatto. Mix. Season to taste. Sauté all the ingredients in a small amount of lard or oil with annatto and season to taste. Place annatto oil or lard in the center of the green plantain leaves or the paper. Add one tablespoon of the dough and one tablespoon of the filling. Fold the paper and follow the procedure for pasteles. Steam or boil for 1½ hours.

Serves 12

*Available in specialty stores.

Pasteles de Repollo

1 cabeza de repollo grande	
1 cucharadita de sal	5 ml
½ taza de arroz	120 ml
1 libra de carne molida	0.45 kg
½ taza (8 onzas) de salsa de tomate	120 ml
½ taza aceite con achiote	
1 tomate, picado en pedazos pequeños	
1 cebolla	
1 pimiento verde	
1 latita (6 onzas) pimientos morrones	90 ml
1 pote pequeño de aceitunas rellenas	
3 ajíes picante	
3 ramitas cilantro	
3 dientes ajo, machacados	

Pon hojas de repollo en agua caliente para que queden blandas. Pica todos los ingredientes en pedacitos pequeños y sasona a gusto. Mezcla con la salsa de tomate y el aceite con achiote. En el medio de cada hoja pon el relleno sin cocinar. Envuelve la hoja como sorullos. Cocina a vapor tapado por 1 hora. (Solo tienes que poner una taza de agua porque el repollo suelta agua.) Los puedes poner en el horno a fuego bajo para que se te conserven caliente.

La primera vez que comí pasteles de repollo fue en Juncos, Puerto Rico, y me gusto tanto que se convirtio en una de mis receta favoritas.

Sirve 12

Cabbage Pie

1 large head of cabbage	
1 teaspoon salt	5 ml
½ cup rice	120 ml
1 pound ground meat	0.45 kg
½ cup (8 ounces) tomato sauce	120 ml
½ cup oil with annatto	
1 tomato, cut into small pieces	
1 onion	
1 green pepper	
1 can (6 ounces) red roasted peppers	90 ml
1 small can stuffed olives	
3 peppercorns	
3 sprigs coriander	
3 garlic cloves, crushed	

Place cabbage leaves in hot water to soften them. Cut all the ingredients into small pieces and season to taste. Mix with the tomato sauce and the annatto oil. In the middle of each leaf, place the uncooked meat filling and roll it up. Steam for 1 hour. (Add only 1 cup of water because the cabbage contains a good amount of water.) You can put them in a low oven to keep warm.

The first time I tasted this dish was in Juncos, Puerto Rico, and I liked it so much it became one of my favorites.

Serves 12

Pasteles de Yuca

3 libras de yuca guayada	1.35 kg
1 taza de manteca o aceite vegetal	
con achiote	240 ml
2 tazas de relleno de carne (vea receta)	480 ml
1 cucharadita de sal	5 ml
12 hojas de plátanos o papel de envolver pasteles	

Añada la manteca o aceite vegetal con achiote a la masa y sasone a gusto. Puede añadir pimienta. Extienda la masa por cucharadas en el centro de las hojas de plátano amortiguadas y engrasadas con manteca o aceite vegetal con achiote. Echa el relleno en el medio y tapelo con la misma masa extendida. Doble las hojas, formando el pastel. Cocine a vapor por 1½ horas.

En Puerto Rico acompañan los pasteles de yuca con un buen arroz con gandules y una sabrosa ensalada de aguacate.

Sirve 12

Yuca Pie

3 pounds ground yuca	1.35 kg
1 cup lard or vegetable oil with achiote	240 ml
2 cups meat filling (see recipe)	480 ml
1 teaspoon salt	5 ml
12 plantain leaves or paper to wrap pasteles*	

Add 1 tablespoon of the lard or vegetable oil with annatto to the dough and season to taste. Add red pepper if you wish. Spread the dough by spoonfuls in the middle of the leaves softened by heat and grease with the lard or vegetable oil with the annatto. Place the filling in the middle and cover with dough. Fold the leaves, forming a small pie. Steam for 1½ hours.

In Puerto Rico they serve these pasteles with arroz con gandules (rice with pigeon peas) and a delicious avocado salad.

Serves 12

*Available in specialty shops.

Lerenes

1 libra lerenes	0.45 kg
2 cucharaditas de sal	10 ml
1 litro de agua	960 ml

Lave bien los lerenes. Cocínelos a vapor durante 1 hora.

Sirve 3

Yautía Majada

Si tienes un bebe te aconsejo la siguiente receta:

1 libra yautía	0.45 kg
1 cucharada mantequilla	15 ml
1 cucharada sal	5 ml
½ taza leche caliente	120 ml

Cocine al vapor la yautía en agua con sal. Maje y añada los demas ingredientes. Sasone a gusto. Manténgalo caliente hasta que lo sirva.

Sirve 1

Lerenes

1 pound lerenes	0.45 kg
2 teaspoon salt	10 ml
1 liter of water	960 ml

Wash the lerenes well. Cook in salted water for 1 hour.

Serves 3

Mashed Yautía

If you have a baby, I suggest the following recipe:

1 pound yautía	0.45 kg
1 tablespoon butter	15 ml
1 tablespoon salt	5 ml
½ cup hot milk	120 ml

Cook yautía in salted boiling water. Mash and add the other ingredients. Season to taste. Keep it hot until you are ready to serve it.

Serves 1

Pasteles Vegetarianos (50 pasteles)

15 plátanos verdes
6 guineítos verdes
2 yautías
¼ libra calabaza
3 tazas leche
Sal y pimienta, a gusto
1 cuarta aciete vegetal con achiote   0.95 l

Relleno:
1 taza de zanahorias hervidas y picadas en
   pedazos   240 ml
1 libra de habas cocinadas   0.45 kg
2 tazas de garbanzos cocinados   480 ml
1 taza de alcaparrados   0.24 l
Sofrito

Guaya los plátanos verdes, guineítos, yautías y calabaza.
Mezcla con la leche y sasona a gusto. Añade ½ taza del
aceite con achiote.

Sofríe todos los ingredientes para el relleno y pon aparte.
Usa hojas de plátano o papel especial para cocinar pasteles. En el papel esparce 1 cucharadita del aceite con
achiote. Sobre el aceitie con achiote pon ¼ taza de las
masa de platano. Pon sobre la masa 3 cucharadas llenas
del relleno, en el centro de la masa de platano. Dobla el
papel en ambos lados y entonces en los lados. Amarra con
cordon. Hierve en agua con sal por 45 minutos.

Puedes guardárlos en la nevera. Para calentárlos de
nuevo, sumerge in agua hirviendo con sal por 5 minutos.

Vegetarian Pasteles (50 pasteles)

15 green plantains
6 green bananas
2 yautías
¼ pound calabaza (see Glossary)
3 cups milk
Salt and pepper to taste
1 quart vegetable oil with annatto   0.95 l

Filling:
1 cup cooked carrots, cut into small
   pieces   240 ml
1 pound cooked lima beans   0.45 kg
2 cups cooked chick peas   480 ml
1 cup olives and capers   0.24 l
Sofrito

Grate the plantains, bananas, yautías and calabaza. Mix with the milk and season to taste. Add ½ cup of the oil with annatto.

Sauté all the ingredients for the filling and set aside. On plantain leaf or paper,* spread 1 teaspoon of vegetable oil with annatto. Spread over the annatto oil ¼ cup of plantain dough. Place 3 heaping tablespoons of filling in the center of the dough. Fold paper at both ends and then the sides. Tie with kitchen string. Boil in salted water for 45 minutes.

These can be stored in the refrigerator. To reheat, immerse package in boiling salted water for 5 minutes.

•Available in specialty stores.

FRITURAS
Y
CROQUETAS

FRITTERS
AND
CROQUETTES

Harepas de Maíz

2 libras harina de maíz	0.90 kg
1 cuarta de leche en polvo	0.95 l
1 cucharadita de sal	5 ml
1 taza de azúcar	240 ml
1 cucharada de canela en polvo	15 ml
1 cucharadita de vanilla	5 ml
1 cucharada de mantequilla	15 ml
4 huevos	

Mezcla todos los ingredientes. Fríe en aceite caliente, echando la mezcla en cucharadas.

Hace 58

Corn Fritters

2 pounds yellow corn meal	0.90 kg
1 quart powdered milk	0.95 l
1 teaspoon salt	5 ml
1 cup sugar	240 ml
1 tablespoon powdered cinnamon	15 ml
1 teaspoon vanilla	5 ml
1 tablespoon butter	15 ml
4 eggs	

Mix all the ingredients. Fry in hot oil, dropping mixture by tablespoons into the oil.

Makes 58

Frituritas de Calabaza

1 libra de calabaza	0.45 kg
4 tazas de agua con sal	960 ml
1 huevo	
1 cucharadita harina de hornear *(baking powder)*	5 ml
½ taza de azúcar o miel	120 ml
2 cucharaditas de sal	10 ml
1 cucharadita de canela en polvo	
1 taza de harina de trigo	240 ml
3 tazas de manteca o aceite vegetal caliente	720 ml

Cocina la calabaza en una cacerola de agua con sal. Maja la calabaza y añádele todos los ingredientes. Sasona a tu gusto. Fríe en cucharadas en aceite vegetal o maneca caliente. Coloca en papel absorbente.

Sirve 7

Calabaza Fritters

1 pound calabaza (see Glossary)	0.45 kg
4 cups of water with salt	960 ml
1 egg	
1 teaspoon baking powder	5 ml
½ cup sugar or honey	120 ml
2 teaspoons salt	10 ml
1 teaspoon cinnamon powder	
1 cup wheat flour	
3 cups hot vegetable oil or lard	720 ml

Cook the calabaza in a saucepan with salted water. Mash together the calabaza and all the ingredients. Season to taste. Fry a tablespoonful at a time in the vegetable oil or the lard (very hot). Put on absorbent paper to drain.

Serves 7

Frituras de Harina

1 taza de harina de trigo	240 ml
2 huevos	
2 tazas de agua	480 ml
1 cucharadita de sal	5 ml
2 tazas de aceite o manteca caliente	480 ml

Mezcle todos los ingredientes. Caliente el sartén y la manteca. Fría frituras en cucharadas hasta que se doren. Pongalas sobre el papel absolvente. Espolvoréalas con azúcar y sírvalas enseguida.

Sirve 7

Flour Fritters

1 cup wheat flour	240 ml
2 eggs	
2 cups water	480 ml
1 teaspoon salt	5 ml
2 cups hot oil or lard	480 ml

Mix all the ingredients. Heat the frying pan and the oil or lard. Drop mixture a tablespoon at a time into the oil. Place on absorbent paper to drain. Sprinkle with sugar and serve immediately.

Serves 7

Frituras de Frijoles

½ libra de frijoles	0.22½ kg
2 huevos	
3 dientes de ajo	
1 cucharadita de sal	5 ml
1 taza de harina de pan	240 ml
2 tazas de manteca o aceite vegetal	480 ml

Remoja los frijoles la noche antes. Machacar los dientes de ajo. Mezclar la harina y los huevos con el resto de los ingredientes. Calentar el sartén. Calentar el aceite o manteca bien caliente. Freir las frituras hasta que queden doradas. Servir en papel absorvente.

Sirve 7

Bean Fritters

½ pound beans	0.22½ kg
2 eggs	
3 garlic cloves	
1 teaspoon salt	5 ml
1 cup wheat flour	240 ml
2 cups lard or vegetable oil	480 ml

Soak beans in water the night before. Crush the garlic cloves. Mix the flour and the eggs with the rest of the ingredients. Heat the oil or lard. Drop mixture a table-spoon at a time into the oil or lard. Fry the fritters until they are a golden brown. Serve on absorbent paper.

Serves 7

Bacalaitos Fritos

1 libra bacalao (filete)	0.45 kg
7 cuchardas harina	105 ml
2 tazas de agua	480 ml
Sasona a gusto con sal, pimienta y ajo	
½ cucharadita de polvo de hornear	2½ ml
Manteca o aceite vegetal	

Remoja el pescado en agua por la noche. Corte en pedacitos pequeños. Mezcla con la harina, fríe en aceite bien caliente, eche una cucharada en la manteca o aceite vegetal, basta que queden dorados. Seca en papel absorvente.

Sirve 24

Codfish Fritters

1 pound codfish fillets	0.45 kg
7 teaspoons flour	105 ml
2 cups water	480 ml
Salt, pepper and garlic, to taste	
½ teaspoon baking powder	2½ ml
Lard or vegetable oil	

Soak fish in water overnight. Cut into small pieces. Mix with flour, seasonings and water. Drop by tablespoonfuls into hot lard or vegetable oil and fry until golden brown. Drain on absorbent paper.

Serves 24

Guineítos en Escabeche

7 guineítos verdes
2 diente de ajo, machucado
3 cucharadas de aceite de oliva   45 ml
2 cucharadas de vinagre   30 ml
1 cucharadita de jugo de limón   5 ml
1 cucharadita de pimienta   5 ml
2 ajíes picante   5 ml
3 hojitas de laurel

Córtele las dos puntas a los guineos verdes y dele un tajo a
la cascara. Cocine a vapor durante 10 minutos. Corte los
guineítos en rueditas de 1½ pulgadas. Mezcle el resto de
los ingredientes y sirva sobre los guineítos. Deja quieto por
24 horas.

Sirve 7

Cooked Green Bananas in Pickling Sauce

7 green bananas	
2 garlic cloves, minced	
3 tablespoons olive oil	45 ml
2 tablespoons vinegar	30 ml
1 teaspoon lemon juice	5 ml
1 teaspoon pepper	5 ml
2 peppercorns	5 ml
3 bay leaves	

Cut off the two ends of the bananas and slit the peels lengthwise and remove skins. Boil slowly in salted water for 10 minutes. Cut the bananas into 1½ inch slices. Mix the rest of the ingredients and spoon over the bananas. Let stand for 24 hours.

Serves 7

Tostones

3 plátanos	
7 dientes de ajo	
1 cucharada de sal	15 ml
1 taza de agua	240 ml
2 tazas de aceite vegetal	480 ml

Pela los plátanos y cortarlos en trozos de 1½ pulgadas. Calienta el aceite vegetal en la sartén y cuando esté caliente, sofríe los plátanos a bajo fuego. Mole los ajos y mezclarlos en agua. Cuando los plátanos estén cocidos, los sacas y con las cáscara que les quitó, los aplastas y los sumerjes en el agua con los ajos. Fríe en aceite caliente hasta que estén en dorados.

Sirve 4

Buñuelos de Apio

½ libra de apio	0.22½ kg
1 huevo batido	
1 cucharadita de sal	5 ml

Cocine a vapor el apio y májelo. Sasone a gusto. Mezcle el huevo batido y fríalos echando cucharadas calientes en la manteca o aceite caliente. Recuerde calentar el sartén antes de echarle la manteca. Cuando estén doraditos escurra sobre un papel absorvente.

Sirve 4

Fried Plantains

3 plantains	
7 garlic cloves	
1 tablespoon salt	15 ml
1 cup water	240 ml
2 cups vegetable oil	480 ml

Remove the skin of the plantains and cut into 1½ inch pieces. Heat the vegetable oil in frying pan and cook plantains over low heat. Grind the garlic cloves and mix with water. When pieces of plantains are soft, mash them individually between sheets of waxed paper and soak them in the water with the garlic. Fry the round pieces in hot vegetable oil until they are golden brown.

Serves 4

Apio Fritters

½ pound apio	0.22½ kg
1 egg, beaten	
1 teaspoon salt	5 ml

Steam the apio and mash it. Season to taste. Mix in the beaten egg and divide mixture into fritters. Fry in very hot lard or oil. Remember to heat the frying pan before putting in the oil. When fritters are golden brown, put on absorbent paper to drain.

Serves 4

Frituritas de Yautía

2 yautía grande	
¼ cucharadita de sal	1¼ ml
¼ cucharadita de pimienta	1¼ ml
1 cucharada achiote	5 ml
½ cucharadita polvo de hornear	
½ taza harina de trigo	120 ml

Guaya yautía, añada el achiote y todos los demás ingredientes. Mezcle bien. Fría en manteca o aceite caliente. Sirva en papel absorvente.

Sirve 7

Alcapurrias de Yuca

2 libras de yuca guayadas	0.90 kg
1 taza de carne molida para relleno preparada con sofrito (vea receta)	240 ml
3 cucharadas de manteca o aceite de achiote	45 ml
1 cucharadita de sal	5 ml

Guaye la yuca y añádale la manteca y la sal. Extiende la masa en un pedazo de papel encerado. Añada la carne en el medio. Dale forma alargada. Caliente el sartén. Fría las alcapurrias en manteca o aceite caliente. Sirva en papel absorvente para que le quite la grasa y queden secas y sabrosas.

Sirve 3

Yautía Fritters

2 large yautías	
¼ teaspoon salt	1¼ ml
¼ teaspoon pepper	1¼ ml
1 tablespoon annatto	5 ml
½ teaspoon baking powder	
½ cup flour	120 ml

Shred the yautía, add the annatto and the other ingredients. Mix well. Fry by tablespoonfuls in hot lard or oil. Serve on absorbent paper.

Serves 7

Yuca Fritters

2 pounds grated yuca	0.90 kg
1 cup ground meat prepared with	
sofrito (see recipe)	240 ml
3 tablespoons lard or oil with annatto	45 ml
1 teaspoon salt	5 ml

Grate the yuca and add the lard or oil and the salt. Spread the grated yuca on a piece of greased paper and add the meat to middle. Shape it into long forms. Heat the frying pan. Fry fritters in deep, hot fat. Serve on absorbent paper so that the extra fat will be absorbed and the fritters will be dry and tasty.

Serves 3

La Experiencia de Nueva York

1½ taza de harina	360 ml
1 cucharadita de polvo de hornear	5 ml
½ cucharadita de sal	2½ ml
½ taza oleomargarina	120 ml
½ taza leche	120 ml
2 tazas queso	480 ml
2 tazas aceite vegetal caliente o manteca	480 ml

Mezcla la harina, el polvo de hornear, oleomargarina y la leche y forma una masa. Estira la masa con un rodillo. Corta la masa en forma redonda y rellénalos con queso. Voltéalos y une las equinas con un tenedor.

Fríelos en aceite caliente o manteca y tendrás pastelillos de queso.

Cocina por 30 minutos en agua hirviendo y tendrás canelones de queso estilo casero.

Hornéalos en una tempratura de 350 en el horno y tendrás pie (pasteles) de queso.

Sirve 4

The New York Experience

1 ½ cups flour	360 ml
1 teaspoon baking powder	5 ml
½ teaspoon salt	2 ½ ml
½ cup margarine	120 ml
½ cup milk	120 ml
2 cups cheese	480 ml
2 cups hot vegetable oil or lard	480 ml

Mix the flour, baking powder, salt, margarine and milk and form a dough. Spread it with a rolling pin. Cut out rounds and fill them with cheese. Fold them and join edges with a fork.

Fry them in hot vegetable oil or lard and you will have cheese fritters.

Cook them for 30 minutes in hot boiling water and you will have homemade cheese ravioli.

Bake them in the oven at 350 for 15 minutes and they will be cheese pies.

Serves 4

PASTAS

PASTA DISHES

Linguini con Atún

1 paquete de linguini	
½ taza de aceite de oliva	120 ml
7 cabezas de ajo	
1 cebolla grande, picadas en pedazos	
1 lata de atún	
1 cucharadita de sal	5 ml
1 cucharadita pimienta roja	5 ml
1 lata pasta de tomate progresso	
Queso Parmesan rallado	

Hierve el agua con sal. Añade el aceite y los "linguini."
Sofríe en aceite las cabezas de ajo y las cebollas. Añade la
tuna y todos los demas ingredientes sin el queso. Sasona a
gusto. Cuela los linguini y sirve la salsa encima y échale el
queso rallado. Sirve con pan de ajo y vino.

Sirve 7

Linguini with Tuna Fish

1 package linguini	
½ cup olive oil	120 ml
7 garlic cloves	
1 large onion, cut into small pieces	
1 can tuna fish	
1 teaspoon salt	5 ml
1 teaspoon red pepper, crushed	5 ml
1 can tomato paste	
Parmesan cheese, grated	

Bring salted water to a boil. Add 1 tablespoon of the oil and the linguini. Lower heat. Sauté the garlic cloves and the onion in the rest of the oil. Add the tuna fish and all the other ingredients except the cheese. Season to taste. Drain the linguini and serve the sauce on top; sprinkle with cheese. Serve with garlic bread and wine.

Serves 7

Macarrones con Atún y Queso

1 paquete de macarrones
2 latas de atún
3 cebollas, picadas en pedazos
3 dientes de ajo, machacados
½ taza sofrito   120 ml
1 latita pimientos morrones
7 aceitunas rellenas
1 botellita pequeña aceite de oliva
½ libra queso parmesano rallado   0.22½ kg
1 latita pequeña pasta de tomates

Hierve agua con sal y añade 1 cucharadita aceite oliva. Añade los macarrones al agua hirviendo y baja el fuego. En un sartén aparte sofríe en aceite de oliva, las cebollas, ajos, pimientos, tomates y atún. Añade todos los ingredientes sin el queso. Sasona a gusto con sal y pimienta. Cocina sobre fuego lento por 15 minutos. Cuela los macarrones y vierte salsa sobre ellos. Espolvorea el queso rallado. En Puerto Rico, esta receta la sirven con una ensalada latina (vea receta) y vino.

Sirve 7

Macaroni with Tuna Fish and Cheese

1 package macaroni
2 cans tuna fish
3 onions, cut into small pieces
3 garlic cloves, crushed
½ cup sofrito   120 ml
1 can red roasted peppers
7 stuffed olives
1 small bottle olive oil
½ pound grated parmesan cheese   0.22½ kg
1 small can tomato paste

Boil salted water and add 1 teaspoon of olive oil. Add the macaroni to the boiling water and lower the flame. In a frying pan sauté in olive oil the onions, garlic, red roasted peppers, tomatoes and tuna. Add all the ingredients except the cheese. Season to taste with salt and pepper. Simmer for 15 minutes. Strain the macaroni and transfer to serving platter; pour sauce over it. Sprinkle with grated cheese. In Puerto Rico this dish is served with a Latin salad (see recipe) and wine.

Serves 7

Pastelón de Amarillo

5 amarillos	
½ taza leche caliente	120 ml
1 cucharadita mantequilla	15 ml
½ cucharadita de polvo de hornear	2½ ml
1 cucharadita de sal	5 ml
2 huevos batidos	
3 cucharadas de harina de pan	45 ml
3 tazas de relleno de carne (vea receta)	720 ml

Puedes usar la carne que más te guste (pollo, pavo, camarones, o de res) molida o picada en pedacitos pequeños.

Cocina los amarillos y májalos con mantequilla y leche caliente. Añade los huevos, harina de pan, y polvo de hornear. Divida en dos partes. Engrasa el molde y coloca la mitad de los amarillos, añade el relleno de carne y cubre con la otra parte de los amarillos. Hornea en 250°F por 45 minutos.

Sirve 7

Ripe Plantain Pie

5 ripe plantains	
½ cup hot milk	120 ml
1 tablespoon butter	15 ml
½ teaspoon baking powder	2½ ml
1 teaspoon salt	5 ml
2 eggs, beaten	
3 tablespoons wheat flour	45 ml
3 cups meat filling (see recipe)	720 ml

   Use any kind of meat you like (chicken, turkey, shrimp, etc.), ground or cut into small pieces.

Cook ripe plantains and mash them together with butter and hot milk. Add eggs, flour and baking soda. Divide into two parts. Grease baking dish and add half of the mashed plantains; add the meat filling and cover with the other half of the plantains. Bake in oven 250°F for 45 minutes.

Serves 7

Pastelón de Papas

4 libras papas	180 kg
½ taza de leche	120 ml
1 cucharada de mantequilla	15 ml
½ cucharadita de polvo de hornear	2½ ml
1 cucharada de sal	15 ml
1 huevo batido	
3 cucharadas de harina de trigo	45 ml
2 tazas de relleno de pavo o relleno	480 ml
de carne (vea receta). Se puede usar pollo, carne molida, ternera.	

Cocine y maje las papas. Divida en dos partes. Ponga la mitad en el molde engrasado. Ponga el relleno en el medio. Cubra el molde con la otra parte. Ponga en el horno a 250°F por 45 minutos.

Sirve 3

Potato Pie

4 pounds potatoes, peeled	180 kg
½ cup milk	120 ml
1 teaspoon butter	15 ml
½ teaspoon baking powder	2½ ml
1 teaspoon salt	15 ml
1 egg, beaten	
3 tablespoons wheat flour	
2 cups meat filling (see recipe).	480 ml

You can use any kind of meat you like: chicken, ground beef, veal, etc.

Cook potatoes and mash them. Divide into two parts. Put half in a greased baking dish. Put the filling in the middle. Cover with the other half of the potatoes. Bake in 250°F oven for 45 minutes.

Serves 3

Pastelón de Pollo

2 libras de carne de pollo, picada en pedacitos pequeños	0.90 kg
1 latita (6 onzas) de pimientos morrones	
1 cucharada de manteca o aceite con achiote	15 ml
1 cebolla	
1 pimiento	
1 ajíes dulces	
3 dientes de ajo	
1 cucharadita de orégano seco	5 ml
½ taza de pasas	120 ml
7 aceitunas rellenas	
3 huevos duros	
1 latita (4 onzas) de salsa de tomate	

Masa:

2 libras papas majadas	0.90 kg
1 taza de harina de trigo	240 ml
1 cucharada de mantequilla	15 ml
¼ taza de leche	60 ml

Sofríe todos los ingredientes en la manteca o aceito con achiote a fuego bajo por 10 minutos. Prepara la masa con papas majadas. Coloca el relleno en el medio y forra con masa de papas. Hornea en molde engrasado por 25 minutos a 250°F hasta que quede dorado. En Puerto Rico se acompaña el pastelón de papa con arroz y habichuelas, una buena ensalada de aguacate y habichuelas tiernas y tostones de plátano.

Sirve 7

Chicken Pie

2 pounds chicken, cut into small pieces	0.90 mg
1 can (6 ounces) red peppers	
1 tablespoon lard or oil with annatto	15 ml
1 onion	
1 green pepper, seeded and chopped	
1 chili pepper, seeded and chopped	
3 garlic cloves	
1 teaspoon dry oregano	5 ml
½ cup raisins	
7 stuffed olives	
3 hard boiled eggs	
1 can (4 ounces) tomato sauce	

Dough:

2 pounds mashed potatoes	0.90 kg
1 cup wheat flour	240 ml
1 tablespoon butter	15 ml
¼ cup milk	60 ml

Sauté all the ingredients in the lard or oil with annatto over low heat for 10 minutes. Prepare the mashed potato dough. Place the filling in the middle and cover by folding the corners of dough over the top. Bake in a greased baking dish for 25 minutes at 250°F until golden brown. In Puerto Rico this dish is served with rice and beans, an avocado salad, and string beans and tostones.

Serves 7

Tortilla Estilo Boricua

6 huevos batidos
2 cebollas, picadas en pedacitos pequeños
2 dientes de ajo, machacados
Carne del dia anterior, picada en trocitos pequeños
1 cucharadita de sal   5 ml
1 cucharadita de pimienta   5 ml
2 cucharadas de aceite   30 ml

Caliente el sartén. Caliente el aceite. Fría los huevos
batidos. Añada resto de los ingredientes. Vire la mezcla y
sirvala.

Sirve 5

Omelet Puerto Rican Style

6 eggs, beaten	
2 onions, cut into small pieces	
2 garlic cloves, crushed	
2 potatoes, cut into small pieces	
Leftover meat such as chicken, ham, etc.	
1 teaspoon salt	5 ml
1 teaspoon pepper	5 ml
2 tablespoons oil	30 ml

Heat the skillet. Heat the oil. Cook the beaten eggs until set. Add the rest of the ingredients.   Turn the mixture and serve.

Serves 5

ENSALADAS

SALADS

Ensalada de Atún

1 lata (8 onzas) de atún
1 huevo hervido duro, picado en pedacitos
1 papa hervida, picada en pedacitos
1 cebolla, picada en pedacitos pequeños
2 cucharadas de mayonesa   30 ml
1 cucharadita aceito de oliva   5 ml
1 manzana, picada en pedacitos

Mezcle todos los ingredientes y añada la mayonesa.
Coloquelo en la nevera si lo quiere guardar.

Sirve 2

Tuna Fish Salad

1 can (8 ounces) tuna fish
1 hard boiled egg, cut into pieces
1 cooked potato, cut into pieces
1 onion, cut into small pieces
2 tablespoons mayonnaise   30 ml
1 teaspoon olive oil   5 ml
1 apple, cut into small pieces

Mix all the ingredients and add the mayonnaise. Keep leftover salad in the refrigerator if you want to save it.

Serves 2

Ensalada de Pollo y Manzanas

2 tazas de carne de pollo, picada en pedacitos	280 ml
2 tazas de manzanas, partidas en pedacitos pequeños	280 ml
3 cucharaditas de perejil	15 ml
1 cucharadita de sal	5 ml
1 cucharadita de pimienta	5 ml
1 taza de mayonesa	240 ml
2 cucharaditas de jugo de limón	10 ml
½ taza de almendras, picadas en pedacitos pequeños	120 ml

Cocina el pollo a vapor hasta que queda blando. Pícalo en pedacitos. Mezcla el pollo con todos los ingredientes y menéalo bien. Guarda en la nevera por 1 hora. (No lo dejes fuera de las nevera pues tiene mayonesa y se daña.) Puedes acompañar este plato con un buen arroz con gandules.

Sirve 3

Chicken and Apple Salad

2 cups chicken breasts, cut into small pieces	280 ml
2 cups apples, cut into small pieces	280 ml
3 teaspoons parsley	15 ml
1 teaspoon salt	5 ml
1 teaspoon pepper	5 ml
1 cup mayonnaise	240 ml
2 teaspoons lemon juice	10 ml
½ cup almonds, cut into small pieces	120 ml

Steam or boil the chicken until it is soft and tender. Cut into small pieces. Mix the chicken well with all the ingredients. Keep in refrigerator for about 1 hour. (Don't leave out of the refrigerator, because the mayonnaise can spoil.) Serve this salad with a dish of rice with pigeon peas.

Serves 3

Ensalada Estilo Nilda

3 libras papas, picadas en cubitos   135 kg
1 libra habichuelas tiernas   240 ml
1½ libras de carne de pavo, pollo, camarones,
    pulpo o la carne de su preferencia,
    picada en pedacitos   0.67½ kg.
3 manzanas, partidas en cubitos pequeños
3 remolachas, picadas en cubitos
3 huevos hervidos, picados en cubitos

Mezcle todos los ingredientes y añada mayonesa, polvo de
ajo, cebolla, sal y pimienta a gusto y aceite de oliva. Decore
con pimientos morrones y aceitunas rellenas. Enfríe y
sirva.

Sirve 12

Nilda's Salad

3 pounds boiled potatoes, cut in cubes	135 kg
1 pound string beans, cut in halves	240 ml
1½ pounds turkey, chicken, shrimp, octopus or any meat you prefer, cut into small pieces	0.67/½ kg
3 apples, diced	
3 beets, cut in cubes	
3 hard boiled eggs, diced	

Mix all the ingredients and add mayonnaise, garlic powder, minced onion, salt and pepper to taste and olive oil. Garnish with pimiento and stuffed olives. Chill and serve.

Serves 12

Ensalada Navideña

3 libras de papas	0.135 kg
½ libra habichuelas tiernas	0.22½ kg.
4 huevos	
2 manzanas	
1 libra carne de pollo	0.45 kg
1 cebolla grande, picada en pedacitos pequeños	
3 granos de ajo machacados	
5 aceitunas rellenas	
1 latita (8 onzas) pimiento morrones	
1 cucharadita de sal	5 ml
½ cucharadita de pimienta en polvo	
1 tarro (8 onzas) de mayonesa	
½ taza aceite de oliva	120 ml

Cocina papas a vapor y pícalas en cuadritos pequeños. Hierve huevos y cuando estén duros pícalos en cuadritos pequeños. Cocina pollo y desmenúzalo. Mezcla todos los ingredientes y sasona a gusto. Adorna con flores de pascua, formadas con los pimientos morrones y las aceitunas. Pon una aceituna en el medio y corta las hojas con los pimientos morrones. En Guanajibo, la playa de Mayaguez, P.R., preparan esta ensalada con jamón. Alguna personas le añadirían remolachas.

Sirve 12

Christmas Salad

3 pounds potatoes	0.135 kg
½ pound string beans	0.22½ kg
4 eggs	
2 apples	
1 large onion, cut in small pieces	
1 pound chicken	
3 garlic cloves, crushed	
5 stuffed olives	
1 can (8 ounces) red peppers	
1 teaspoon salt	5 ml
½ teaspoon ground pepper	
1 jar (8 ounces) mayonnaise	
½ cup olive oil	120 ml

Boil potatoes and cut into small pieces. Hardboil the eggs and cut into small pieces. Cook chicken and cut into small pieces. Mix all the ingredients except olives and peppers and season to taste. Garnish with red peppers and olives, forming Christmas flowers by arranging peppers as petals and placing olive in middle. In Guanajibo, the beach in Mayaguez, P.R., they prepare this salad with ham. Some people add beets, giving it a pink color.

Serves 12

Ensalada de Aguacate y Habichuelas Tiernas

1 aguacate	
½ libra habichuelas verdes	0.22½ kg
¼ aceite de oliva	0.11 kg
1 cucharada vinagre	15 ml
1 cucharadita de sal	5 ml
1 cucharadita azúcar	5 ml
2 cucharadas mayonesa	30 ml

Corta aguacate en trocitos. Mezcla todos los ingredientes.
Sirve en fuente y guarda en la nevera.

Sirve 3

Avocado and String Bean Salad

1 avocado	
½ pound green beans, cooked	0.22½ kg
¼ cup olive oil	0.11 kg
1 tablespoon vinegar	15 ml
1 teaspoon salt	5 ml
1 teaspoon sugar	5 ml
2 tablespoons mayonnaise	30 ml

Cut avocado into small pieces. Mix all the ingredients. Put on plate and keep in refrigerator until ready to serve.

Serves 3

Ensalada de Aguacate y Tomate

1 lechuga de hoja ancha	
1 aguacate	
2 tomates	
¼ cucharadita de aceite	60 ml
¼ cucharadita de vinagre	60 ml
1 cucharadita de sal	5 ml
1 cucharadita de azúcar	5 ml

Lava las lechugas y pícalas en pedacitos pequeños. Parte el aguacate en pedacitos pequeños. Pica tomates en pedacitos pequeños. Mezcla aceite, vinagre, sal y azúcar y sirve sobre ensalada.

Sirve 3

Avocado and Tomato Salad

1 head of lettuce
1 avocado
2 tomatoes
¼ teaspoon oil   60 ml
¼ teaspoon vinegar   60 ml
1 teaspoon salt   5 ml
1 teaspoon sugar   5 ml

Wash the lettuce and tear into small pieces. Cut the avocado and the tomato into small pieces. Mix the oil, vinegar,
salt and sugar and pour over salad.

Serves 3

Ensalada Latina

1 cabeza de lechuga	
¼ taza de aceite de oliva	11 kg
¼ taza de vinagre	11 kg
1 cucharadita de sal	5 ml
1 cucharadita de azúcar	5 ml

Lave la lechuga y desmenúcela con las manos. Mezcle todos los ingredientes y sirva en una fuente de cristal.

Sirve 7

Ensalada de Frutas Tropicales

2 libras guineos	0.90 kg
1 lata de piñas, picadas en pedacitos	
1 taza de pasas	240 ml
3 naranjas (chinas) grandes	
2 mangos, picados en pedazos	

Corte los guineos en pedazos de media pulgadas. Mezcle todos los ingredientes y sirva moldes individuales.

Sirve 3

Latin Salad

1 large head of lettuce
¼ cup olive oil   11 kg
¼ cup vinegar   11 kg
1 teaspoon salt   5 ml
1 teaspoon sugar   5 ml

Wash the lettuce and tear into small pieces. Mix all the ingredients and serve in a glass bowl.

Serves 7

Tropical Fruit Salad

2 pounds bananas   0.90 kg
1 can pineapple rings, cut into small pieces
1 cup raisins   240 ml
3 large oranges
2 mangos, cut into pieces

Cut the bananas into ⅓-inch pieces. Mix all the ingredients and serve in individual molds.

Serves 3

ARROZ

RICE DISHES

Arroz

Esta receta es típico de nuestra cultura. Se trata del matrimonio perfecto, arroz con habichuelas. Cuesta poco y es bien nutritivo.

1 taza de arroz	240 ml
2 cucharadas de aceite de oliva o	
manteca vegetal	30 ml
½ cucharada de sal	7 ml
2 tazas de agua	480 ml

Hierva el agua. Agregue el aceite de oliva o manteca vegetal. Sasone a gusto. Añada el arroz y cocina a vapor por ½ hora a fuego bajo. Cuando el agua se seque puedes menear el arroz y cocinar tapado por 15 minutos a fuego bajo. Sirva con habichuelas.

Sirve 3

Rice

This recipe is typical of our culture. It's the perfect marriage, rice with beans. It's low priced and very nutritious.

1 cup rice	240 ml
2 tablespoons olive oil or vegetable oil	30 ml
½ teaspoon salt	7 ml
2 cups water	480 ml

Bring water to a boil. Add olive oil or vegetable oil. Season to taste. Add rice and cook for ½ hour over low heat. When the water evaporates, stir the rice and cook covered for 15 minutes over low heat. Serve with beans.

Serves 3

Arroz con Habichuelas Rojas

1 libra de habichuelas rojas secas	0.45 kg
1 taza de cebollas, picadas en pedacitos pequeños	240 ml
3 dientes de ajo, molidos	
2 tazas de arroz de grano largo	480 ml
Sofrito (vea receta)	
½ taza aceite de oliva	120 ml
1 taza de pimientos morrones	240 ml

Lava las habichuelas y selecciona las buenas. Remoja las habichuelas la noche antes. Hierve el agua. Cocina las habichuelas. Sofríe las cebollas y los ajos. Añade el arroz y las habichuelas. Añade todos los ingredientes. Sasona a gusto. Cubre con agua caliente. Cocina a fuego lento por 35 minutos, haste que el arroz este cocinado.

Sirve 7

Rice with Red Beans

1 pound dried red beans	0.45 kg
1 cup chopped onions	240 ml
3 garlic cloves, crushed	
2 cups long grain rice	480 ml
Sofrito (see recipe)	
½ cup olive oil	120 ml
1 cup roasted red peppers	240 ml

Wash beans and select the good ones. Soak beans overnight. Bring water to a boil. Cook beans. Sauté the onions and garlic. Add the rice and beans. Add the rest of the ingredients. Season to taste. Cover with boiling water. Cook over low heat for 35 minutes, until rice is done.

Serves 7

Arroz con Gandules

½ libra de gandules frescos verdes o enlatados	0.22 kg
1 taza de arroz	240 ml
1 cucharadas de aceite vegetal o manteca con achiote	30 ml
¼ libra pimiento verde, sin semillas y picado	0.11 kg
¼ libra cebolla, sin semillas y picado	0.11 kg
3 ajíes dulces, sin semillas y picados	
1 pote (8 onzas) pimientos morrones	64 gramos
1 pote (8 onzas) de salsa de tomate	64 gramos
1 pote pequeño aceitunas y alcaparras	
Sal y pimienta a gusto (orégano opcional)	

Lave bien los gandules. Cocínelos por ½ hora en ½ litro de agua. Sofría todos los ingredientes en aceite o la manteca con achiote a fuego bajo por 5 minutos. Sofría el arroz y los gandules por 5 minutos. Añádale el agua donde cocino los gandules y cocine a fuego lento haste que se seque. Sasone a gusto. Voltee el arroz. Tape la olla y cocine por ½ hora, hasta que absorba todo el liquido. Puede acompañar con tostones y aguacate.

Sirve 8

Rice with Pigeon Peas

½ pound pigeon peas, fresh or canned	0.22 kg
1 cup rice	240 ml
2 tablespoons vegetable oil or lard	
with annatto	30 ml
¼ pound green pepper, seeded	
and chopped	0.11 kg
¼ pound onion, chopped	0.11 kg
3 chili peppers, chopped	
1 can (8 ounces) red peppers	64 grams
1 can (8 ounces) tomato sauce	64 grams
Small bottle olives and capers	
Salt and pepper to taste (oregano optional)	

Wash the pigeon peas. Cook for ½ hour in ½ liter of water. Sauté all the ingredients in the oil or lard with annatto over low heat for 5 minutes. Sauté the rice and the pigeon peas for 5 minutes. Add the water in which you have cooked the pigeon peas and cook over low heat until it evaporates. Season to taste. Stir the rice. Cover the pot and cook for ½ hour until the liquid is absorbed. Serve with tostones and avocados.

Serves 8

Arroz con Pollo

¼ taza de aceite de oliva con achiote	60 ml
2 libras de pollo, cortadas en pedazos pequeños	0.90 kg
1 cebolla grande, picada en pedazos pequeños	
3 dientes de ajo, picados	
1 pimiento grande, sin semillas y picado	
1 tomate grande, sin semillas y picado	
1½ libras de arroz	240 ml
1 cucharadita de sal	5 ml
1 cucharadita de pimienta	5 ml
7 aceitunas rellenas	
1 taza de salsa de tomate	240 ml
1 latita o jarro de pimientos morrones	
5 tazas de agua hirviendo	1.2 l

Lava las prezas de pollo con vinagre o jugo de limón y frota con adobo. En una pesada olla de aluminio o hierro "caldero," calienta el ¼ de aceite con achiote y sofríe las prezas de pollo. Añade cebolla, ajo, pimiento, tomate y sofríe hasta que la cebolla esté tierna. Añade el arroz y mezcla. Añade el resto de los ingredientes. Añade el agua hirviendo. Sasona a tu gusto. Mezcla bien y baja el fuego. No menees el arroz mientras se cocina, pues te queda pegajoso. Cocina a fuego bajo hasta que el arroz este hecho. Decora con pimientos morrones y guisantes (petit-pois).

Sirve 7

Chicken with Rice

¼ cup olive oil with annatto	60 ml
2 pounds chicken, cut into small pieces	0.90 kg
1 large onion, chopped	
3 cloves garlic, chopped	
1 large pepper, seeded and chopped	
1 large tomato, seeded and chopped	
1½ pounds of rice	0.67½ kg
1 teaspoon salt	
1 teaspoon pepper	5 ml
7 stuffed olives	
1 cup tomato sauce	240 ml
1 can or jar roasted peppers	
5 cups boiling water	1.2 l

Wash the chicken pieces with vinegar or lemon juice and rub with adobo. In a heavy aluminum or iron casserole ("caldero") heat the ¼ cup of oil with annatto and sauté the chicken pieces. Add onion, garlic, pepper and tomato and sauté until onion is tender. Add the rice and stir. Add rest of the ingredients. Add boiling water. Season to taste. Mix well and lower the heat. Do not stir the rice while cooking, it makes it sticky. Cook over low heat until the rice is done. Garnish with red peppers and sweet peas (petit-pois).

Serves 7

Paella

1 pollo entero, cortado en pedazos pequeños	
7 salchichas españolas (opcional)	
2 libras langosta, cortada en	
trozos pequeños	0.90 kg
2 libras camarones	0.90 kg
2 libras pequeños pulpos, cortados	
en pedacitos	0.90 kg
2 tazas aceite de oliva	480 ml
2 tazas guisantes verdes (petit-pois)	480 ml
1 taza habichuelas tiernas cocinada	240 ml
7 dientes de ajo, en pedazos pequeños	
3 tomates	
3 pimientos, sin semillas y picados	
3 pimientos morrones, picados	
7 hebras azafrán	
1 taza de perejil, en pedazos pequeños	480 ml
12 almejas con su cáscara	
7 tazas de arroz	3.15 kg
14 tazas de agua	3.36 l

Use el agua de las almejas y los camarones.   Fría el pollo en una paellera, caldero o sartén grande. Sal y pimienta roja a gusto. Añada todos los ingredientes exepto el arroz, las almejas y los guisantes. Añada el agua y deja hervir. Añade el arroz y cocina destapado por más de 10 minutos. Decore con los guisantes y las almejas. Ponga en el horno por 10 minutos a 350°F.

Sirve 15

Paella

1 whole chicken, cut into small pieces	
7 Spanish sausages (optional)	
2 pounds cooked lobser, cut into	
small pieces	0.90 kg
2 pounds shrimp	0.90 kg
2 pounds small octopus, cut into pieces	0.90 kg
2 cups olive oil	480 ml
2 cups cooked peas	480 ml
1 cup cooked string beans	240 ml
7 garlic cloves, chopped	
3 tomatoes	
3 peppers, seeded and chopped	
3 red roasted peppers, chopped	
7 saffron sprigs, cut into small pieces	
1 cup chopped parsley	240 ml
12 steamed clams in the shell	
7 cups rice	3.15 kg
14 cups water	3.36 l

Reserve water in which the clams and the shrimps were cooked. Fry chicken in paella dish, caldero or large frying pan. Season to taste with salt and red pepper. Add all the ingredients except the rice, clams and peas. Add the water and bring to a boil. Add the rice and cook uncovered for 10 more minutes. Garnish with peas and clams. Bake for 10 minutes at 350°F.

Serves 15

Arroz, Almejas, y Ron

12 almejas grandes	
1 libra de arroz	0.45 kg
3 pimientos	
3 cebollas	
3 tomates	
1 taza salsa	240 ml
2 tazas de agua	480 ml
3 dientes de ajo	
1 cucharada aceite con achiote	15 ml
1 cucharadita de sal	5 ml
1 cucharadita de pimiento en polvo	5 ml
1 taza de ron de Puerto Rico	240 ml

Primero limpie y lave las almejas, caliéntelas para que se abran. Segundo saque las almejas y píquelas en trocitos. Pique todos los ingredientes en pedacitos pequeños y sofríe a fuego lento y en aceite con achiote. Añada todos los ingredientes, excepto el ron. Añada el arroz, agua hirviendo y sasona a su gusto. Mezcle todo y añada el ron. Cocine a vapor durante 45 minutos, hasta que el arroz esté seco.

Sirve 7

Rice, Clams, and Rum

12 large clams	
1 pound rice	0.45 kg
3 peppers	
3 onions	
3 tomatoes	
1 cup tomato sauce	240 ml
2 cups water	480 ml
3 cloves garlic	
1 tablespoon oil with annatto	15 ml
1 teaspoon salt	5 ml
1 teaspoon pepper	5 ml
1 cup Puerto Rico Rum	240 ml

Clean and wash clams, then steam until they open. Remove the clams and dice them. Chop all the ingredients into small pieces and sauté in the oil with annatto over low heat. Add all the ingredients except the rum. Add rice, boiling water and season to taste. Mix everything well and add the rum. Cook for 45 minutes, until the rice is dry.

Serves 7

Arroz con Camarones

1½ libra de camarones	240 ml
1 cebolla grande, picada	
3 dientes de ajo, machacados	
3 ajíes dulces, sin semillas y picados	
¼ tazas de manteca o aceite con achiote	60 ml
1 libra de arroz	0.45 kg
1 cucharadita de pimienta	5 ml
1 cucharadita de sal	5 ml
1 cucharadita de orégano	5 ml
1 taza de salsa de tomate	240 ml

Lava los camarones y quitales el cascarón. Sofríe todos los ingredientes en el aceite con el achiote. Añade dos tazas de agua hirviendo por cada taza de arroz. Mezcla bien y cocina a vapor hasta que el arroz este hecho.

Sirve 3

Rice with Shrimps

1½ pounds shrimp	240 ml
1 large onion, chopped	
3 garlic cloves, crushed	
3 sweet peppers, seeded and chopped	
¼ cup lard or oil with annatto seeds	60 ml
1 pound rice	0.45 kg
1 teaspoon pepper	5 ml
1 teaspoon salt	5 ml
1 teaspoon oregano	5 ml
1 cup tomato sauce	240 ml

Wash the shrimps and remove shells. Sauté all the ingredients in the oil with the annatto seeds. Add 2 cups boiling water for every cup of rice. Mix well and cook until rice is done.

Serves 3

Arroz con Jueyes y Leche de Coco

1 taza de leche de coco	240 ml
1 taza de carne de jueyes	240 ml
3 tomates, picados	
1 libra de arroz	0.45 kg
3 dientes de ajo, machacados	
1 cucharadita de sal	5 ml
3 hojitas de cilantro	
1 ají dulce, sin semillas y picado	
1 onza jamón (opcional)	28 gramos
1 onza tocino (opcional)	28 gramos

Para sacar leche del coco; calienta el coco en el horno y así se separa fácil del casco. Guaya el coco. Añadele agua caliente ½ taza de agua para cada taza de coco guayado. Exprime y cuela. Puedes usar un paño limpio o un colador.

Sofríe todos los ingredientes. Si no usas jamón y tocino puedes usar una cucharadita de aceite. Añade leche de coco. Sasona a tu gusto. Menéalo y cocina a fuego lento. Cuando el arroz esté cocinado (45 minutos) sirvelo. Esta receta es tipica de Loiza Aldea.

Sirve 5

Rice with Crabs and Coconut Milk

1 cup coconut milk	240 ml
1 cup crab meat	240 ml
3 tomatoes, chopped	
1 pound rice	0.45 kg
3 garlic cloves, crushed	
1 teaspoon salt	5 ml
3 coriander leaves	
1 red pepper, seeded and chopped	
1 ounce ham (optional)	28 grams
1 ounce salt pork (optional)	28 grams

To extract the milk from the coconut, heat the coconut in the oven; this way it separates from the shell. Grate the coconut. Add hot water, ½ cup for every cup of grated coconut. Squeeze and strain. You can use a clean cloth as a strainer.

Sauté all the ingredients in ¼ teaspoon oil. (If you don't use ham and salt pork you can use 1 teaspoon of oil.) Add the milk of the coconut. Season to taste. Mix and cook over low heat until the rice is done (45 minutes). This recipe is typical of Loiza Aldea.

Serves 5

POSTRES

DESSERTS

Arroz con Coco

1 coco grande seco	
1 taza de arroz (japones)	240 ml
1 taza de azúcar	240 ml
1 onza jengibre	
3 rajas canela	
1 cucharadita de sal	5 ml
2 tazas de agua caliente	480 ml

Parte el coco y guáyalo con la corteza. Echela agua caliente. Se pasa por un paño y se pone aparte. Con el resto de la cachipa se saca la leche del coco. Pon la leche de coco en la nevera

Se machaca el jengibre en un pilón. Pon el jengibre el la agua del coco, échale las pasas y lo guardas en la nevera para hacerlo el dia siguiente. Al dia siguiente remojas el arroz y cuelas el agua. Bota el agua y deja el arroz húmedo. Pon a hervir la leche de coco que guardastes en la nevera y le echas el arroz, el azúcar y la sal. Sasona a tu gusto. Cocina a vapor hasta que esté. Puedes ponerle canela en polvo por encima. Guaya ¼ libra de queso de papa y se lo sirve por encima. Prueba esta receta, te fascinará.

Sirve 7

Rice with Coconut

1 large coconut	
1 cup Japanese rice or long grain rice	240 ml
1 cup sugar	
1 oz. ginger	
3 cinnamon sticks	
1 teaspoon salt	5 ml
2 cups hot water	480 ml

Cut the coconut and shred it. Put the shredded coconut in a clean cloth and pour hot water over it. Reserve the water. In a separate container, squeeze the shredded coconut to get all of the milk out of it. Put the coconut milk in the refrigerator.

Crush the ginger in a mortar. Add the ginger to the coconut water and put it in the refrigerator. The next day place rice in water. When the rice is moist drain the excess water. Now take the coconut milk out of the refrigerator. Add the rice and all the ingredients. Cook over low heat until the rice is cooked. Sprinkle with cinnamon powder and shredded cheese. Try this recipe, you'll love it.

Serves 7

La Olla Derritiendose
(Pudín de arroz, pasas y coco)

1 taza de arroz	240 ml
2 tazas de agua	480 ml
1 litro de leche	960 ml
1 taza de coco Goya	240 ml
3 cucharadas de azúcar	45 ml
1 cucharadita de sal	5 ml
1 cucharadita de vainilla	5 ml
1 cucharadita de canela en polvo	5 ml

Remoja 1 taza de arroz en dos tazas de agua por tres horas. Cuela y cocina el arroz en una cacerola pezada o en una olla con la leche y cocina a fuego bajo por 20 minutos. Cuando el arroz este hecho añade el resto de los ingredientes y cocina por 5 minutos.

Sirve 7

The Melting Pot
(Rice, Raisin, Coconut Pudding)

1 cup rice	240 ml·
2 cups water	480 ml
1 quart milk	960 ml
1 cup Goya coconut	240 ml
3 tablespoons sugar	45 ml
1 teaspoon salt	5 ml
1 teaspoon vanilla	5 ml
1 teaspoon powdered cinnamon	5 ml

Soak 1 cup of rice in two cups of water for three hours. Drain and cook the rice with the milk in a heavy casserole or pot over low heat for 20 minutes. When the rice is done, add the rest of the ingredients and cook for 5 minutes more.

Serves 7

Cazuela

3 libras calabaza	1.35 kg
1 libra batatas	0.45 mg
1 taza de leche de coco	240 ml
5 huevos batidos	
1½ taza de azúcar	360 ml
1 pedazo de jenjibre machacado	
1 cucharadita de canela en polvo	15 ml
½ cucharadita de granitos de anis	2½ ml
2 tazas de harina	480 ml

Cocina a vapor la calabaza y la batata. Escúrrela y májala. Añade todos los ingredientes y mezcla bien. Hornea en un molde engrasado por 1½ horas a 375°F. En Puerto Rico las preparaban en una cazuela. Si no tienes una cazuela puedes usar en molde de cristal.

Sirve 7

Cazuela

3 pounds calabaza (see Glossary)	1.35 kg
1 pound sweet potatoes	0.45 kg
1 cup coconut milk	240 ml
5 beaten eggs	
1½ cups sugar	360 ml
1 piece smoked ginger	
1 teaspoon powdered cinnamon	15 ml
1 teaspoon salt	5 ml
2 grains anis	2½ ml
2 cups flour	480 ml

Steam calabaza and sweet potato. Mash them. Add all the ingredients and mix well. Bake in greased baking dish for 1½ hours at 375°F. In Puerto Rico they use a cazuela (stewing pan) but you can use a glass baking dish.

Serves 7

Ambrosia

3 chinas, mondadas y peladas, sin semillas	
1 taza de coco guayado	240 ml
¼ taza azúcar o miel	60 ml
1 taza pedasos de piña	240 ml

Monde las chinas, separe los gajos, y quite las semillas. Mezcle todos los ingredientes y sirva bien frío. Lo puedes decorar con una acerola o una cucharadita de jalea de guayaba o de mango.

Sirve 7

Ambrosia

3 oranges, peeled and sliced, seeds removed
1 cup shredded coconut   240 ml
¼ cup sugar or honey   60 ml
1 cup pineapple chunks   240 ml

Peel the oranges, separate the pieces, and remove the seeds. Mix all the ingredients and serve very cold. You can decorate with an acerola or a teaspoon of guayaba or mango jelly.

Serves 7

Besitos de Coco

1½ libra de coco guayado
  4 cucharadas harina de trigo   60 ml
  ½ taza de azúcar   120 ml
  1 cucharadita de vainilla   5 ml

Mezcle los ingredientes en el orden que están escritos.
Mezcle para que se unan bien. Ponga por cucharadas en
un molde de hornear. Hornee por 20 minutos a 350°F.
Saque del molde mientras esten caliente.

Sirve 4

Coconut Kisses

1½ pound shredded coconut
  4 tablespoons wheat flour   60 ml
  ½ cup sugar   120 ml
  1 teaspoon vanilla   5 ml

Mix the ingredients in the order they appear. Mix well. Drop by spoonfuls onto a baking dish. Bake for 20 minutes at 350°F. Remove from baking dish while hot.

Serves 4

Tembleque

2 tazas de leche de coco	480 ml
½ taza de maicena	120 ml
¼ taza de azúcar o miel	80 ml
½ cucharadita de sal	1½ ml
1 cucharadita de canela en polvo	5 ml

En una cacerola mezcla la leche de coco fría con la maicena. Sasonala con azúcar y sal. Mezcla todos los ingredientes y cocina a fuego lento, moviéndola constantemente hasta que hierva y espese. Sirve en fuentecitas pequeñas y lo rocea con canela en polvo.

Sirve 7

Tembleque Estilo Nueva York

1 paquetito de tembleque Goya	
2 tazas de leche en polvo	480 ml
Canela en polvo	

Añade dos tazas de agua a la leche en polvo. Añade el paquete de tembleque Goya. Cocina a fuego lento y menéalo constantemente hasta que hierva. Polvorea con canela en polvo. Sirve en fuentecitas pequeñas. Guarda en la nevera.

Sirve 7

Tembleque

2 cups coconut milk	480 ml
½ cup cornstarch	120 ml
¼ cup sugar or honey	80 ml
½ teaspoon salt	2½ ml
1 teaspoon powdered cinnamon	5 ml

In a saucepan mix the coconut milk, cold, with the corn-starch. Season with sugar and salt. Mix all the ingredients and cook over low heat, stirring constantly until it boils and thickens. Serve in small dishes and sprinkle with powdered cinnamon.

Serves 7

Tembleque New York Style

1 package of Goya tembleque	
2 cups powdered milk	480 ml
Powdered cinnamon	

Add two cups of water to powdered milk. Add the package of Goya tembleque. Cook over low heat, stirring constantly until it boils. Sprinkle with cinnamon. Pour in small dishes. Keep in the refrigerator.

Serves 7

Amarillos en Almibar

3 amarillos, picados en pedazos de tres pulgadas
3 cucharadas de mantequilla   45 ml
½ taza de azúcar oscura o miel   120 ml
12 tazas de agua   480 ml

Sofría los amarillos en la mantequilla hasta que queden
doraditos. Añada el resto de los ingredientes y cocine a
vapor por 25 minutos. Puedes añadir un vaso de ron de
Puerto Rico para mejor sabor.

Sirve 7

Ripe Plantains in Syrup

3 ripe plantains, cut in 3-inch pieces
3 tablespoons butter   45 ml
½ cup brown sugar or honey   120 ml
12 cups water   480 ml

Fry the ripe plantains in butter until they reach a golden color. Add the rest of the ingredients and simmer for 25 minutes. Add a small glass of Puerto Rican rum for best flavor.

Serves 7

Amarillos en Almibar con Ron de Puerto Rico

3 amarillos, picados en pedazos de tres pulgadas	
3 cucharadas de mantequilla	45 ml
½ taza de azúcar oscura o miel	120 ml
1 cucharadita de canela en polvo	5 ml
1 taza de ron de Puerto Rico	240 ml

Sofría los amarillos en la mantequilla hasta que quedan dorados. Añada el resto de los ingredientes y cocine a vapor durante 5 minutos.

Sirve 7

Plantains in Syrup with Puerto Rican Rum

3 plantains, cut in 3-inch pieces	
3 tablespoons butter	45 ml
½ cup brown sugar or honey	120 ml
1 teaspoon cinnamon powder	5 ml
1 cup Puerto Rican Rum	240 ml

Sauté the plantains in butter until they reach a golden color. Add the rest of the ingredients and cook for 5 minutes.

Serves 7

Majarete

1 litro de leche
1 taza de harina de arroz 480 ml
3 hojas de naranja
1 taza de azúcar 240 ml
1 cucharadita de sal 5 ml
3 rajitas de canela
1 cucharadita de mantequilla 5 ml
Canela en polvo

Mezcla la leche y la harina gradualmente hasta que esté bien mezclada. Añade el resto de los ingredientes excepto la canela en polvo. Calienta hasta que hierva. Baja la temperatura meneando constantemente hasta que espese. Sirve en platos individuales y polvorea con la canela en polvo.

Sirve 7

Majarete

1 liter milk	
1 cup rice flour	480 ml
3 orange leaves	
1 cup sugar	240 ml
1 teaspoon salt	5 ml
3 cinnamon sticks	
1 teaspoon butter	5 ml
Powdered cinnamon	

Mix milk and flour gradually until it blends. Add the remaining ingredients except the powdered cinnamon. Heat until mixture boils. Lower temperature and stir constantly until it thickens. Serve in individual dishes and sprinkle with powdered cinnamon.

Serves 7

Hojaldres

2¾ tazas de harina	660 ml
½ libra de mantequilla	0.22½ kg
7 huevos	
2 tazas de azúcar negra	480 ml
1 cucharadita de sal	5 ml
1 cucharadita de nuez moscada	5 ml
1 cucharadita de polvo de hornear	5 ml
3 cucharaditas de polvo de canela	15 ml
1 cucharadita de polvo de clavos	5 ml
¾ taza de leche	180 ml
¼ taza de vino dulce	60 ml

Añade la mantequilla a la azúcar hasta que quede cremosa. Añade los huevos uno a uno y bate bien. Añade la harina y todos los ingredientes. Hornea por 1 hora a 350° F en un molde engrasado hasta que quede seco.

Sirve 7

Hojaldres

2¾ cups flour	660 ml
½ pound butter	0.22½ kg
7 eggs	
2 cups brown sugar	480 ml
1 teaspoon salt	5 ml
1 teaspoon nutmeg	5 ml
1 teaspoon baking powder	5 ml
3 teaspoons ground cinnamon	15 ml
1 teaspoon ground cloves	5 ml
¾ cup milk	180 ml
¼ cup sweet wine	60 ml

Mix the butter and sugar until creamy. Add eggs one by one and mix well. Add flour and the other ingredients. Bake for 1 hour at 350°F in a greased baking dish.

Serves 7

Pudín Estilo Boricua

2 tazas de leche	480 ml
1 libra de pan	0.45 kg
¼ taza de pasas	60 ml
½ taza de azúcar o miel	120 ml
1 cucharadita de sal	5 ml
2 huevos	
1 cucharadita de canela en polvo	5 ml
1 cucharadita de nuez moscada	5 ml
Pasta de mango, picada en pedacitos pequeños	
Pasta de guayaba, picada en pedacitos pequeños	
1 taza de leche de coco	240 ml

Remoje el pan en la leche la noche antes. Desmenúcelo y mezcle bien todos los ingredientes. Hornee en un molde engrasado a 250°F por 1 hora y media.

Sirve 5

Pudding Puerto Rican Style

2 cups milk	480 ml
1 pound bread	0.45 kg
¼ cup raisins	60 ml
½ cup sugar or honey	120 ml
1 teaspoon salt	5 ml
2 eggs	
1 teaspoon powdered cinnamon	5 ml
1 teaspoon nutmeg	5 ml
Mango paste, cut in small pieces	
Guava paste, cut in small pieces	
1 cup coconut milk	240 ml

Moisten bread in the milk the night before. Tear the bread into small pieces and mix well with all the other ingredients. Bake in greased baking dish at 250°F for 1½ hours.

Serves 5

BEBIDAS

Piña Colada

1 taza de leche de coco	240 ml
4 tazas de jugo d piña	960 ml
2 tazas de ron de Puerto Rico	480 ml
Hielo triturado	
4 Maraschino cerezas	
4 pedazos de piña fresca	

Mezcla todos los ingredientes y sirve en un vaso largo. Decora cada vaso con una cereza "Maraschino" y un pedazo de piña natural (fresca).

Sirve 4

BEVERAGES

Piña Colada

1 cup coconut milk	240 ml
4 cups pineapple juice	960 ml
2 cups Puerto Rican rum	480 ml
Crushed ice	
4 Maraschino cherries	
4 chunks of fresh pineapple	

Mix the coconut milk, pineapple juice and rum with ice and serve in a large glass. Decorate each glass with a Maraschino cherry and a chunk of natural pineapple (fresh).

Serves 4

Brownson Deep Especial

1 taza de jugo de chinas (naranjas dulces)	240 ml
1 taza de jugo de uvas	240 ml
1 taza de miel o azúcar	240 ml
¼ taza jugo de limón	60 ml
2 tazas de ron de Puerto Rico	480 ml

Mezcle todos los ingredientes y añada hielo.

Sirve 12

Coquito con Ron de Puerto Rico

1 coco seco	
3 yemas de huevo	
¼ cucharadita de sal	1½ ml
3 cucharadas de azúcar o miel	45 ml
1 cucharadita de vainilla o canela en polvo	5 ml
2 tazas de ron de Puerto Rico	

Guaya el coco. Con agua caliente saca la leche pura y pasa por un paño limpio. Bate las yemas de huevo. Agrégale la leche, sal, azúcar, vainilla o canela. Cocina a fuego lento moviendo constantemente. Enfría. Añade 2 vasos de ron de Puerto Rico. En la cuidad de Nueva York muchos Neoyoricans usan 12 yemas, le leche de coco enlatada, leche condensada, y no usan sal, y usan ron de 1.51 prueba.

Sirve 3

Brownson Deep Special

1 cup orange juice	240 ml
1 cup grape juice	240 ml
1 cup honey or sugar	240 ml
¼ cup lemon juice	60 ml
2 cups Puerto Rican rum	480 ml

Mix all the ingredients and add ice.

Serves 12

Eggnog with Puerto Rican Rum

1 dry brown coconut	
3 egg yolks	
¼ teaspoon salt	1½ ml
3 tablespoons sugar or honey	45 ml
1 teaspoon vanilla or cinnamon powder	5 ml
2 cups Puerto Rican rum	

Shred the coconut. With hot water extract the milk and pass it through a clean cloth. Beat the egg yolks. Add the milk, salt, sugar, vanilla or cinnamon powder. Cook over a low flame, stirring constantly. Cool. Add 2 cups of Puerto Rican rum. In New York, many New Yorkers use 12 yolks, canned coconut milk, condensed milk, and no salt, and use 1.51 proof rum.

Serves 3

GLOSSARY

Achiote (annatto). The seeds of the annatto tree, used to color lard or vegetable oil an orange-yellow or orange-red.

Adobo. A seasoning for meat or poultry that includes salt, pepper, garlic, oregano, olive oil, and vinegar or lemon juice.

Ají dulce. Sweet chili pepper.

Alcapurrias. Stuffed yautía fritters (croquettes).

Amarillo. Ripe plantain (plátano maduro).

Apio. The edible root of a tropical plant.

Asopao. Soupy stew.

Atún. Tuna fish.

Azafrán. Saffron.

Bacalaitos fritons. Codfish fritters.

Bacalao. Salted codfish.

Buñuelos. Fritters.

Cabrito. Young goat.

Calabaza. West Indian pumpkin. A squash, like Hubbard or butternut, which can be substituted for it.

Caldero. Heavy kettle.

Carne mechada. Pot roast.

Cazuela. Stewing pan.

Chayotes. Pale green, pear-shaped vegetables.

China. Orange (naranja dulce).

Coquito. Tropical eggnog.

Empanadas. Meat pies.

Escabeche. Pickled.

Frijoles. Beans.

Frituras. Fritters.

Gandules. Pigeon peas.

Garbanzos. Chick peas.

Guineítos. Green bananas.

Guisantes. Petit-pois.

Habichuelas rositas. Red beans.

Habichuelas tiernas. String beans.

Harina de trigo. Wheat flour.

Hojaldre. Puerto Rican cake.

Lerenes. The small white tuber of a tropical plant, eaten boiled.

Naranja agria. Sour orange.

Naranja dulce. Sweet orange (china).

Pasteles. Envelopes of dough made of plantains filled with tasty ingredients.

Pastelón. Pie.

Plátano (plantain). A coarse textured banana that cannot be eaten raw.

Sartén. Skillet.

Serenata. Codfish salad.

Sofrito. Famous seasoning mix used in many Hispanic dishes. Includes lean cured ham, lard or vegetable oil, oregano, onion, green pepper, sweet chili peppers, fresh coriander leaves and garlic.

Tembleque. A coconut dessert.

Tostones. Fried plantain slices.

Viandas. The starchy roots of tropical plants such as yuca, ñame, yautía, etc.

Yautía. The starchy root of a tropical plant, similar in texture to meaty potatoes.

Yuca. Cassava, the fleshy starchy root of a tropical plant used in many Hispanic dishes.

INDICE

INDEX